NOVIAZGO PARA UN TIEMPO NUEVO

Ediciones Palabra, S. A.
Madrid

1ª edición española.   Marzo   1996.
1ª edición portuguesa. Abril   1996.
2ª edición española.   Octubre 1998.

COLECCIÓN HACER FAMILIA
Dirección: Jesús Urteaga
Coordinación: Fernando Corominas
Secretaria de Redacción: Alicia Alonso

© Antonio Vázquez Vera, 1996
© **Ediciones Palabra, S. A.**, 1998
Pº de la Castellana, 210 - 28046 Madrid
Diseño Colección y Cubierta: Equipo Editorial
Producción: Francisco Fernández
Fotografía de portada: A.G.F. FotoStock
Printed in Spain
ISBN: 84-8239-086-4
Depósito legal: M. 33.113-1998

Anzos, S. L. - Fuenlabrada (Madrid)

ANTONIO VÁZQUEZ VEGA

NOVIAZGO PARA UN TIEMPO NUEVO

Segunda edición

HACER
FAMILIA

A mi mujer, de la que estoy profundamente enamorado.

INTRODUCCIÓN

Los invisibles átomos del aire
en derredor palpitan y se inflaman;
el cielo se deshace en rayos de oro;
la tierra se estremece alborozada.
Oigo flotando en olas de armonía
rumor de besos y batir de alas;
mis párpados se cierran... ¿Qué sucede?
¿Dime?... ¡Silencio!... ¡Es el amor que pasa!

Gustavo Adolfo Bécquer

Cuando me comentaron si quería escribir un libro sobre el noviazgo, debo confesar que mi primera reacción fue negativa. Nunca he creído en los libros que hacen teorías sobre cosas que, por encima de todo, se deben vivir. El amor, pensaba, no se aprende en los libros. A amar, se aprende amando.

Pero me senté. Lo hice de noche, casi convencido de que ése es el único momento en que nos atrevemos a decir las cosas que sentimos casi de corrido. Llené una página y luego otra, y otra... y sentí que era importante no parar, escribir de corrido, casi sin pensarlo. Al final quedó lo que tienes en tus manos.

Pocos acontecimientos hay en la vida de una persona tan decisivos como el hecho de enamorarse. De él se han alimentado los poetas, los artistas, los soñadores y los románticos, los fríos y los calculadores, los viejos y los jóvenes... y aún seguimos alimentándonos.

Y ES QUE AMAR ES... LO ES TODO

Durante las próximas páginas vamos a aproximarnos a los mil matices y aspectos que acompañan una realidad tan grandiosa. Lo haremos para visitar las realidades de siempre, las cosas de siempre, los sentimientos de siempre..., porque en el amor las cosas de siempre son siempre nuevas.

Nos acercaremos también, por qué no, a las de hoy, al claroscuro del tiempo apasionante en que nos ha tocado vivir. Será de la mano de algunas historias y muchos apuntes de gente como nosotros que se siente enamorada y que vive su historia genuina y única en los albores del siglo XXI.

Para este camino hacen falta pocas alforjas. De lo que aquí vamos a hablar es de dar el corazón, y para eso hay que tenerlo muy desprendido; si no, las cosas se enganchan, lo hacen siempre, y cada vez se hace más difícil avanzar. Son muchas, te lo aseguro, las cosas que nuestro tiempo se ha empeñado en cargarnos al comienzo de este derrotero. Por poco que hayamos vivido uno u otro, lo tenemos bien experimentado y,

> EN EL AMOR,
> LOS PASOS PARA ATRÁS,
> CUESTAN EL DOBLE
> DE LOS CORRIENTES

Una cosa más antes de empezar. De amor sabemos todos. Aun el ser más amargado de cuantos puedas imaginar, sabe algo del amor, aunque sólo fuera porque él no es más que un fruto del amor. Pero lecciones, lecciones sobre amor, las pueden dar muy pocos, y puedo asegurarte que quien escribe este libro está muy alejado de poder ser uno de ellos.

Pero el amor exige cabeza, riendas, tensión, consejo y algunos años para sacar de él el mejor de los jugos, el más sabroso por ser inabarcable, y para eso es posible que aquí encuentres, entre tanto apunte, alguna idea que otra.

Aquí no procuraré más que mostrarte algunas fotos. Unas son propias, las menos; otras, la mayoría, son de compañeros del camino. En ésas lo pasarás bien.

He querido titular este libro *Noviazgo para un tiempo nuevo* porque desearía con todas mis fuerzas que así fuera, que de verdad existiera un tiempo nuevo y que lo fuera porque lo hacemos nuevo con nuestro modo y estilo de vivir. Un tiempo que supiera de locuras, de prosas y versos, de sinfonías y oberturas, de estrellas y de soles, de sueños y de hombres, de hombres y mujeres seria y reciamente enamorados. Es por eso que habría que subtitular este libro diciendo: *Apuntes para un hombre enamorado*.

Porque en realidad no son otra cosa estas páginas. Apuntes, porque son notas que he ido tomando de la vida misma. Es cierto, de hecho notarás que en general están bastante desordenados, que hasta se cambian los estilos, y que si no hay tachones es porque los de la editorial no me dejan. Tal vez por eso, y porque están tomados en la calle, tendrán algo de frescura, y si los lees en silencio, es posible que hasta te evoquen alguna cosa.

Para un hombre enamorado, porque pensando en él, hombre o mujer han sido escritas, y están escritas con pasión. ¿Es que acaso se podría escribir de otro modo?

CAPÍTULO I

HOMBRES Y MUJERES

Me gusta cuando callas porque estás
[como ausente
y me oyes desde lejos, y mi voz no te toca.
Parece que los ojos se te hubieran volado
y parece que un beso te cerrara la boca.
Pablo Neruda

Diferencias entre hombres y mujeres

Así son y así las queremos

Así titulaba un artículo una de las mejores periodistas españolas refiriéndose a los hombres a los que en ocasiones tan difícil es entender. Yo he querido escogerlo para hablar de mi novia.

Y es que tengo una novia estupenda a la que quiero y en quien descubro cada día una novedad. Novedad que no siempre alcanzo a entender pero que me da la seguridad de quererla más. Y si no, déjame que te cuente una historia.

Hace cosa de dos semanas perdió la cartera. Llevaba dinero, tarjetas de crédito, los justificantes de dos viajes que había hecho... en fin, una faena.

Por suerte, al cabo de un par de días, llamó un señor muy amable desde una empresa, diciendo que se había encontrado la cartera tirada en la calle. Al no localizar ninguna dirección ni teléfono, había llamado al banco de la tarjeta de crédito donde le habían facilitado los datos para poder localizarla. Llamaba para contarnos que tenía la cartera y que no le faltaba ni el dinero, y que podíamos pasar a recogerla por su empresa cuando quisiéramos.

Transcurrió una semana sin que mi novia pudiera pasar a recogerla. Yo solía preguntarle:

—¿Has recogido tu cartera?

—*No, no –respondía sin darle importancia–, tengo que ir. A ver si me paso mañana.*

Los días siguieron transcurriendo sin novedad, hasta que finalmente terminé por ofrecerme a ir a buscarla.

—*Dime, ¿dónde es?*

—*Verás, no sé muy bien cuál es la calle. Es una que sube desde Castellana hasta María de Molina.*

—*Estupendo. Hay sólo dos calles que van desde Castellana hasta María de Molina y no son muy largas. ¿Qué número es?*

—*No lo sé. Es un número par.*

—*Ya. Y la empresa ¿cómo se llama?*

—*Es que... lo apunté por algún lado. Es algo de cinco, cines, cint...*

—*Ya. ¿Y no sabrás por un casual cómo se llama el señor que la encontró?*

—*Pues no. Pero la tiene su secretaria, que salvo raras excepciones está siempre allí. Me ha dicho que a veces sale pero que sólo es un momento.*

—*¿Qué piso es?*

ANTONIO VÁZQUEZ VEGA

—*El tercero, eso es seguro, el tercero.*

Al día siguiente fui a buscar la cartera. De portal en portal, y preguntando a los porteros conseguí descubrir que era la primera de las calles.

—*Oiga, ¿hay aquí alguna empresa?*

—*Sí hijo, hay como veinte.*

Al final la encontré. Al entrar sólo había una secretaria, y le dije:

—*Disculpe. Verá, le voy a contar una historia un poco extraña sobre una cartera que se perdió...*

—*¡Ah! sí. Aquí está. La pensábamos mandar por correo al ver que la chica no venía a recogerla. Le hizo mucha ilusión cuando le dijimos que la habíamos encontrado, pero no nos volvió a llamar.*

Al final, de un modo u otro, apareció la cartera. Pero eso no es lo más sorprendente de la historia. Esa noche salimos a cenar con un grupo de amigos y no pude evitar contar lo ocurrido. Cuál fue mi sorpresa cuando al final de relatar todo, las chicas que estaban allí me dijeron casi al unísoso:

16

—*Hay que ver cómo os ponéis los hombres. Te había dado datos de sobra...*

Así son, y así las queremos.

Al hablar de cualquier realidad humana, y enamorarse es, sin duda, una de las más genuinas, tenemos que partir necesariamente por aproximarnos en el conocimiento de quienes componen esa realidad. Se enamoran hombres de mujeres y mujeres de hombres y no podríamos empezar estas páginas sin acercarnos un poquito a esa realidad tan diferente.

Un conocido sociólogo español tiene la costumbre de comenzar todas sus conferencias con una verdad de Perogrullo:

UN HOMBRE ES UN HOMBRE
Y UNA MUJER ES UNA MUJER

y mientras unos y otros no nos enteremos de verdad que somos distintos, sin duda surgirán muchos problemas en la relación.

Somos distintos desde la última célula de nuestro cuerpo hasta el más profundo de los pensamientos y esa diferencia se

17

manifiesta en la cosas que cada uno hace en la vida.

Escribimos de forma diferente una carta o de diferente manera hablamos con un amigo. Distinto es nuestro gusto en el vestir o en la decoración, como distinta es nuestra manera de razonar. Distinto el beso que damos a un hijo al caer la noche y distinto el modo de soñar.

En este primer capítulo trataremos de acercarnos a conocer algo sobre esas diferencias que pueden ayudarnos a entender muchas de las cosas que en ocasiones nos pueden parecer incomprensibles. La lista podía ser muy larga. Escogeremos, por eso, sólo aquellas diferencias que puedan tener algún interés para el tema que estamos tratando.

MUJER	HOMBRE
• Se la conquista por el oído.	• Se le conquista por la vista.
• Le gusta ser conquistada.	• Le gusta conquistar.
• Dependiente.	• Independiente.
• Intuitiva.	• Racional.

MUJER	HOMBRE
• Se da una unidad con el cuerpo mucho más fuerte, una vivencia de estar dentro de sí misma, y en consecuencia, una elegancia mucho mayor.	• Su cuerpo le resulta algo casi externo a él, y en consecuencia tiene movimientos mucho más bruscos y menos armónicos.
• Relaciona más toda la información de que dispone consiguiendo así una visión global de las cosas.	• Visión parcial de las cosas que necesita tratar de modo diferente.
• Madurez más precoz que la del hombre.	• Madurez más tardía.
• Interés por las personas.	• Interés por las cosas.
• Más sensible y humana.	• Deseo continuo de transformar el mundo que le rodea.
• Triangula mejor las situaciones. La línea recta es sólo uno de los muchos caminos para llegar a un sitio. Cuando se rinde es porque ha vencido.	• Convierte cada situación en un reto al que debe enfrentarse.
• Guardiana de valores.	• En lucha consigo mismo en su deseo de cambiar él y de transformar el mundo.
• Comunicativa.	• Introvertido.
• Mayor voluntad.	• Mayor convencimiento intelectual.

MUJER	HOMBRE
• Defecto dominante: la envidia.	• Defecto dominante: la soberbia.
• Virtud dominante: la generosidad.	• Virtud dominante: la nobleza.
• Se conmueve.	• Se emociona.
• Seduce y desarma.	• Conquista y lucha.
• Le gusta que se la comprenda.	• Quiere que se le convenza.
• Sexualmente: secundaria.	• Sexualmente: primario.
• Sexo siempre unido al cariño.	• Puede actuar sexualmente sin afecto.

Somos distintos. La verdad es que salta a la vista, aunque no está de más recordarlo. Éste es posiblemente uno de los fenómenos más llamativos con el que nos encontramos la primera vez que sentimos interés por una persona del otro sexo. Inexplicablemente nos sentimos atraídos por un ser en el que lo primero que reclamamos es que sea «muy hombre» o «muy mujer» aunque no sepamos muy bien qué quiere decir exactamente

> QUE EL HOMBRE SEA MUY HOMBRE
> Y
> QUE LA MUJER SEA MUY MUJER

Esa chica de gesto dulce y mirada clara, ese hombre de voz templada y mano recia producen en nosotros un sentimiento que apenas somos capaces de explicar, tal vez, porque son los sentimientos de un corazón que se queda perplejo ante las maravillas de la vida. Ejercen esa influencia, antes que nada, por distinguir en ellos la gracia y armonía que la naturaleza ha puesto en las cosas, y que es, sin duda, una de las cosas más serias de la que se puede hablar.

Distintos porque es bueno que lo seamos y porque en serlo y en ser capaces de unir esa maravillosa diversidad estriba también ser capaces de ser felices y hacer felices a los demás. Y es aquí donde surgen los problemas, pues en no aceptar esas diferencias y esos modos de ser distintos han naufragado demasiados barcos que no habían hecho más que empezar una estupenda historia de amor.

Por eso, al comenzar nuestra historia no nos viene mal pensar en algunas ideas y hasta en algún testimonio:

A ti, amiga, que me pides que te hable de lo que es un hombre, *te diré que es un ser bastante más simple de lo que puedas*

21

imaginar. No le vayas de frente, que embiste como los toros. Cítale, con distancia, y cuando esté al paso dale dos o tres cambios de muleta, que lo vas a cuadrar mucho mejor. No le muestres todas tus armas, o le harás ir contra las tablas, y con la puya no te pases, o le vas a dejar sin fuerza.

Al principio te costará un poco entenderle, siempre enfrascado en superarse a sí mismo, en convertir todo en una competición contra sí y contra los demás. Está convencido de que tiene un papel en la vida, y que es muy importante sacarlo. Las responsabilidades le quedan grandes, y necesita ir cogiendo confianza.

Dicen que los hombres somos todos un poco niños. ¿Un poco? Yo creo que somos niños toda la vida, aunque a veces nos la tomemos tan en serio que seamos capaces de acabar unos con otros, algo que difícilmente entenderás.

> *Y EN EL AMOR,*
> *LLÉVALE DE LA MANO,*
> *NI UN PASO ANTES NI UNO DESPUÉS*

Si quieres conquistarle, nunca se lo muestres abiertamente. No olvides que él debe sentir que es quien conquista, aunque sea el conquistado. Insinúate, con pequeños detalles, que no siempre captará pero que le irán llevando casi sin darse cuenta.

Sé muy femenina, porque es lo que más apasiona a un hombre, y cuando le tengas no le dejes creer que te tiene totalmente conquistada. Ésa es una tarea que debe retomar día a día, y en ese juego le harás inmensamente feliz y sacarás de él lo mejor de sí mismo.

Y a ti amigo que me pides que te hable de lo que es una mujer, *¿que podré decirte? Un escritor de nuestro tiempo, dedicaba su primer libro a su mujer con estas palabras:*

«A mi mujer, ese encantador y eterno misterio».

Como puedes ver, nadie nos «arrienda la ganancia»; y es que la mujer, todas y cada una, son un maravilloso misterio que nos embruja y nos emboba, que nos conquista y nos atrae, y que nos devuelve cada día a nuestro ser más cotidiano haciéndonos las cosas «mucho más fáciles».

La mujer es, por excelencia, el ser que humaniza este mundo en que vivimos, haciendo que no sean tan tremendas las batallas en las que nos empeñamos en meternos los hombres. Es el ser que pone la mesa y corta las flores, que hace amable la vida en el trabajo y en el ocio, que inspira nuestras ilusiones y que ennoblece nuestros afanes.

Ahora bien, habrás de saber que morirás sin entenderlas. No entenderás su empeño por ir a ese sitio y no a ese otro, por salir a las 7 y no a las 5, o por hablar de esto ahora y no luego. Viven mucho más en la realidad del día, sin pasarse las horas pensando en cómo cambiarla. La aceptan, la moldean, la cuidan y la protegen mucho mejor que un ejército de hombres. Eso las convierte en las grandes ejecutivas, en seres prácticos y dinámicos capaces de llegar a todas las cosas. Saben más de voluntad que nosotros y dominan su entorno cuando nosotros aún no hemos llegado.

> *ELLAS, EN EL AMOR*
> *SON LAS GRANDES MAESTRAS*

quizá porque lo empiezan a enseñar desde sus propias entrañas. Aman de verdad, y su

*amor es recio, firme, constante. Déjate lle-
var, aunque tú y yo estemos convencidos de
que somos los que llevamos las riendas del
asunto. No la fuerces.*

*Contaba un buen articulista, que una
mujer es como esas muñecas de ahora que
cantan y ríen porque llevan un disco dentro.
No sabemos porqué lo hacen. Y en nuestro
empeño por descubrir qué es lo que las hace
cantar y reír, daremos con el disco que llevan dentro, pero nos habremos cargado la
muñeca.*

El modo de ser en función de la edad

La edad en que vivimos

No podríamos continuar este capítulo
sin hablar precisamente de la edad en que
vivimos, la que tenemos los que hemos
podido tener interés en este libro, ésa en
que normalmente descubrimos el inicio de
un amor que está surgiendo en nosotros
aún sin saberlo.

Qué cosas tiene la naturaleza que deja
la elección del ser al que vamos a unir el

resto de nuestra vida en la edad de más inconsciencia de la persona. Tal vez es que las cosas del amor exigen tener la justa cabeza y la mayor pasión.

Es posible que acabes de cumplir los 18 años, o tal vez tengas los 21, los 22, o hasta los 28, aunque estoy convencido de que en esta conversación se deben haber colado muchos de 13, 14 y 15. Vaya por ellos.

En uno u otro caso acabas de estrenar madurez La huellas más palpables las sientes aún sobre tu cuerpo que ahora se desarrolla con más fuerza que nunca. Parece como si le reclamaran las cosas a la vida. Antes también crecías. La diferencia es que ahora tienes conciencia de ello.

Sin afán de hacer un tratado de sociología, quisiera recoger brevemente algunas de las características fundamentales de esta etapa. Te pueden servir para aprender a conocerte mejor y para darte cuenta de que en el fondo todos somos iguales y que las cosas que nos pasan resultan no ser tan raras.

Desde los 11/13 hasta los 17/20 años

- Es un período altamente **emocional**, con fuerte irrupción de lo reflexivo y lo valorativo. Eso no quiere decir que se manifieste de una manera desordenada, agresiva e incoherente como quieren mostrar algunos autores más preocupados con la excepción que con la regla general.

- Comienza con la **pubertad**, momento de rápidas y profundas modificaciones anatómicas, psicológicas y sociales que provoca un cambio en la personalidad.

- Durante esta etapa lo normal es adoptar **actitudes extremas**. Se tiende a juzgar de manera implacable los fallos de los adultos y se tiene poca sensibilidad para el consenso.

- Se siente una irremediable tentación de llamar continuamente la atención a través de **actitudes de oposición** a todo (es el momento en que se discuten todas las órdenes). Son momentos en los que uno se siente identificado con determinados grupos de

27

música o con una manera de hablar (argot) distinta a la habitual.

- La característica fundamental es la **inestabilidad emocional** debido a la acción de las glándulas endocrinas. Coincide además que es el primer momento en que de verdad se nos empieza a exigir como a un adulto cuando nuestro cuerpo está aún terminando de formarse. Los cambios de humor son frecuentes. Se pasa de la risa al llanto con facilidad y tendemos a dramatizar y magnificar casi todas las situaciones.

- Resultamos mucho más propensos a **situaciones de ensueño** en las que tendemos a imaginar episodios en los que nosotros somos los protagonistas. Es el momento en que nace la intimidad (se escriben diarios) y aprendemos a valorar la soledad, el pudor y la sexualidad.

- Notamos que **nos cuesta** mucho más **concentrarnos** en el estudio, en la conversación... todo nos resulta un poco nuevo, y nos falta el hábito de saber controlar nuestra imaginación.

- Estamos mucho más dominados por la **emotividad** y **sentimiento**. Parece como si todo nos afectara y nos dolieran las cosas más pequeñas.

- Mostramos mayor interés por el **cuidado del aspecto personal**: se rehúsa entonces apartarse de la moda y se es fiel fundamentalmente a las marcas.

- Disminuye la **influencia** de la familia y comienza a ejercerla el grupo de **amigos**.

Desde los 18/19 hasta los 28/29 años

- La irracionalidad da paso a ir **consolidando una personalidad** que se manifiesta en la formación de un sistema conceptual de actitudes y de valores. (La persona empieza a ir explicando las cosas por sí misma.)

- La madurez la va consiguiendo **a través de la experiencia**. («La madurez es un proceso que se compone de diferentes crisis que hay que ir apuntalando para no caer en la infidelidad o en la infelicidad, las dos tumbas del proceso hacia la madurez».)

- El adolescente copia opiniones, el joven las **reinventa** y el hombre maduro las posee, las recrea y las defiende.

- Diferencia ya la necesaria **soledad interior** (su mundo) y la realidad (ya no tan desfigurada por sus primeras impresiones).

- La sensación de insatisfacción constante cambia hacia pensar en un futuro más realizable (rebelión frente a **construcción**).

- Esta etapa **se amplía** mucho más **en nuestros días**, pues el matrimonio y la independencia de la familia llega mucho más tarde.

- La **moderación** es el rasgo que mejor les define: sus reivindicaciones coinciden en lo fundamental con las de los adultos.

- Es entre las amistades donde se muestra más la **individualidad**.

- El **consumo es sofisticado y abundante**. Les gusta diferenciarse y suelen ver como necesidades lo que pueden ser simples caprichos: coche, esquís... Se gasta especialmente en moda, cosmética y viajes y no se teme pagar por lo que gusta.

El entorno en que vivimos

Cómo las admiro y cómo las compadezco

Guapas, estilosas, con gusto especial en el vestir y en el hablar. Educadas en la delicadeza de hacer amables las cosas, las chicas jóvenes de hoy, son una joya especial pulida con muchos golpes.

Tienen 19-21, 26 o hasta 30 años. Estudiaron su BUP, hablan dos idiomas y son todas universitarias. Su prestigio les hace ocupar un lugar destacado en su profesión. Un oficio que les exige mayor empeño, como si hubiera que demostrar que son capaces.

Muchas, muchas horas de trabajo. Saben que la mujer de ahora debe ocuparse en él tanto como lo han hecho siempre los hombres, incluso más si pueden.

31

Hay cosas que llevan mucho tiempo espe-rando un toque que sólo ellas saben dar, y su labor se hace fecunda en su actividad, y se saben reconocidas en su oficio, en la tarea que nadie, como ellas, sabe desempeñar.

Pero saben también que han sido educa-das para otras cosas que su intimidad recla-ma con la misma fuerza de su elegancia.

Y la maternidad, la de siempre, les sugie-re panoramas inmensos que sólo ellas saben soñar.

Y dirigen una casa, una empresa o un colegio. Y les queda tiempo para estar guapas.

Quizá algún día esta sociedad les plantee el doloroso problema de escoger entre un mundo u otro.

Y escogerán, generosas, la tarea más noble, y se multiplicará su tiempo y en su esfuerzo llegarán a todo.

Y cada vez más hombres, mirándolas, cambiarán pañales y harán la cena, y siem-pre... sonriendo.

Hace un momento hablábamos de que hombre y mujer somos seres diferentes, como diferente es también el ambiente y el entorno en que vivimos. ¿Diferente?, ¿a qué? Posiblemente al ambiente en el que fuimos educados en nuestra infancia, al que vivieron nuestros padres o al que recogen en un documental de televisión. Y es que los «tiempos cambian que es una barbaridad».

He querido introducir este epígrafe con una reseña que pretende reflejar hasta qué punto las cosas han cambiado para la mujer de nuestro tiempo. El panorama que nuestra sociedad presenta hoy a una mujer de 17 o 18 años es infinitamente distinto al que mostraron a nuestras madres o abuelas.

La sociedad está cambiando a un ritmo trepidante. Dicen que vivimos en la era de la información en tiempo real. Cualquier acontecimiento que sucede en el más lejano rincón del planeta aparece reflejado en pocos minutos, cuando no en directo, en la pantalla de nuestra televisión.

La información que recibe un chaval de 12 años en nuestros días es infinitamente superior a la que recibían nuestros padres en un año.

La cuestión es que es tal cantidad de información la que se recibe diariamente que resulta casi imposible enjuiciarla por nosotros mismos y la tendencia natural es la de asimilarla sin más cuestiones.

Nos darán información política, deportiva, educacional o del tiempo. Nos hablarán de las guerras del Tercer Mundo o del Primero, de lo que piensan los chinos o de lo que comen los americanos, y nos hablarán de sexo, mucho sexo, como si éste fuera el siglo en que lo hubiéramos descubierto.

Nuestros padres, y los padres de nuestros padres vivieron una sociedad en la que las formas externas se cuidaban bastante. La gente recibía una educación más o menos similar, y tenía comportamientos bastante parecidos. De hecho quienes deseaban encontrar experiencias nuevas, literarias, artísticas, ideológicas..., debían buscarlas de modo particular.

La sociedad de ahora se ha especializado en presentarnos **todo**, desde la mañana a la noche, como un menú de televisión en donde basta cambiar de canal para descubrir algo nuevo. Y este cambio tan profundo de nuestra sociedad lleva a que un chaval de 16 o 17 años tenga que tomar desde muy pequeño una posición en la vida y un criterio propio.

Nuestros padres maduraron poco a poco, rodeados de un entorno profundamente proteccionista en sus formas, que hacía que la vida de todos pareciera similar. A los chicos y chicas de ahora nos toca decidir desde muy pronto. Tendremos que escoger si vemos eso o no lo vemos. Antes no existía, simplemente, y por lo tanto no había la posibilidad de escoger. Apoyaremos una idea u otra, tomaremos partido en esta causa o en aquella otra tan distinta, saldremos con una gente o con otra... pero lo que irremediablemente tendremos que hacer y pronto es:

«tomar una posición y un criterio propio en la vida».

Y las cosas no están nada sencillas. Algunas personas piensan que nuestra generación no es más que fruto de la generación del mayo francés de 1968. Un puñado de universitarios cansados de todo y hartos de nada se lanzaron a las calles de París y de la vieja Europa a reivindicar el amor libre, las drogas y la libertad de conciencia, por no hablar del aborto o la anarquía como grandes principios liberadores de la persona.

La Metamorfosis de Kafka, *La Peste* de Camus, o *La Náusea* de Sartre fueron sus verdaderos manuales de liberación. Como verás, un auténtico programa de vida sana.

Pero lo cierto es que ese movimiento influyó de modo decisivo en la vida de muchas personas, y de modo particular en las que ocupan puestos de responsabilidad en la sociedad en que vivimos. Y esas cosas, ese modo de pensar se trasluce en el obrar de cada uno y está presente en mucha de la información que hoy recibimos.

Educar es acompañar a conocer la realidad. Ésta, ni se puede imponer ni se puede dejar al arbitrio de la suerte porque en uno y otro caso, sacaremos una visión deformada.

Nuestros padres nos han podido acompañar, posiblemente muy de cerca, en estos primeros años de la vida. Pero hay un momento, precisamente éste en el que estamos, en que a ellos cada vez se les escapan más cosas. Es el ritmo de la vida que va marcando sus plazos. Es entonces cuando nos toca a cada uno.

Tres, cuatro o cinco ideas muy claras. Ése ha sido el gran empeño de nuestros padres. El resto lo tendremos que poner nosotros. En los próximos capítulos hablaremos de cosas muy concretas. De un beso, de la noche, de lo que hay que hablar en el noviazgo, de las fiestas y los amigos, de amor y de sexo... y en cada una de esas cosas debemos tener, cuanto antes, un criterio muy claro.

> ## NO SE TRATA DE INFORMACIÓN, SINO DE FORMACIÓN

Información tendremos, quizá más que nunca. Pero la formación hay que buscarla, tener el deseo de saber, de verdad, qué es aquello que más nos conviene y qué resulta adecuado en cada momento.

La opinión de los demás no es más que eso, una buena opinión. El que lo haga

todo el mundo no es más que una tendencia, una moda, y las modas, lo sabemos,
tardan poco en pasar.

Tu criterio tendrás que forjarlo en las
mil secuencias de la vida. Unas veces
pidiendo consejo, otras buscando la opinión clara de quienes sabes que más te
quieren. Las más buceando con honradez
en el interior de ti mismo hasta tener el
convencimiento de que eres fiel a ti mismo, a las ideas y a los valores que arraiga-
ron en ti. Siendo, de verdad y con la violencia y el talante que eso supone, **señores de
sí mismos**.

CAPÍTULO II

LA RELACIÓN

Yo aprendí en el hogar en qué se funda
la dicha más perfecta,
y para hacerla mía
quise yo ser como mi padre era,
y busqué una mujer como mi madre
entre las hijas de mi hidalga tierra...

Gabriel y Galán

Conocerle

Ayer cumplí los 18 años. La verdad, eso de tener mayoría de edad es algo importante, aunque no he notado grandes diferencias respecto a anteayer. Supongo que es cuestión de tiempo.

Existan o no grandes diferencias, lo

cierto es que ya eres una mujer, un hombre hecho y derecho, y alguna que otra responsabilidad ha aparecido en el filo de tu vida.

Algunos de tus amigos se han echado novia/o. Tú nunca has sentido nada de eso que ellos comentan, ni has visto la necesidad de unirte inseparablemente a una persona, pero lo cierto es que ves que muchos de tus amigos/as se toman muy en serio eso del noviazgo y que algunos hasta han cambiado sus planes habituales.

En algunas ocasiones te has planteado la posibilidad de que tú también te puedas enamorar. Las chicas/os te gustan, especialmente algunas/os y no eres de los que piensa que eso de tener novio/a es una tontería.

Es posible que entonces te hayan surgido algunas preguntas, nos han surgido a todos. No debemos olvidar que enamorarse es algo en lo que todos comenzamos sin ninguna experiencia.

Aquí trataremos muchas de esas cuestiones intentando recoger el criterio de algunos y la opinión de muchos. Algo de sentido común y muchas dosis de humor.

¿A qué edad debo enamorarme?

¿A qué edad descubre uno que le gusta escribir o asistir a la ópera? ¿A qué edad debe uno empezar a leer poesía o practicar la equitación para saber que ésa es su mayor pasión?

No hay edad para enamorarse. Lo habrás oído de muchas personas y de algunas con ejemplos prácticos. El amor no es algo que se pueda clavar entre las duras manecillas de un reloj. Se quiere cuando se quiere.

Sin embargo, hasta biológicamente existen unos momentos que parecen más lógicos y normales para que en nosotros surja ese sentimiento. Así, a casi ninguno nos resulta normal el que un niño y una niña de 5, 6 o de 10 años digan que están enamorados.

Nos parece algo casi ridículo y nos entristece ver cómo algunos padres «horteras» comentan que su hijo de nueve años está saliendo con una niña que tiene ocho. Ni tampoco es normal que surja la pasión a los 60 o los 70 años en los que el ciclo de la vida está ya en su más claro atardecer.

Pero salvado ese espacio, todo es posible y nos contarán que fulanito y menganita se conocieron a los 13 años y llevan juntos 25, y que en cambio tu tía Lola se casó con tu tío cuando ambos habían superado crecidamente los 50, y es que cada uno tiene su tiempo.

No hay prisas. El pistoletazo de salida nos viene dado y no podemos angustiarnos pensando cuándo llegará nuestro momento. Los planes que Dios tiene previstos para cada uno de nosotros son mucho mejores que los que nosotros mismos escogeríamos si nos dieran esa posibilidad. Por eso es mejor esperar. Hay tantas cosas que hacer mientras tanto.

¿Cuánto debe durar un noviazgo?

Hay gente que comenta que los noviazgos largos no son buenos porque hacen adormecer el amor. Puede ser, pero también es cierto que existen parejas encantadas que viven su noviazgo desde hace muchos años. Lo que sí parece normal es que cuando uno se enamora desee cuanto antes pasar la mayor parte de su tiempo junto a la persona amada.

De hecho el gran sentimiento que surge cuando uno se enamora es precisamente el deseo de permanecer permanentemente junto al otro. Tal vez por eso lo mejor será un noviazgo corto, lo justo para que uno y otro se conozcan en profundidad y para que se puedan disponer las mínimas cosas para poder casarse.

Los noviazgos largos crean tensión. Es lógico, somos de carne y hueso y cada día queremos más al otro.

Un noviazgo durará lo justo para entender que ya no podemos vivir más tiempo sin el otro,

y eso, casi siempre, viene solo y tú serás la primera persona en darte cuenta.

¿Cómo la/le encontraré?

El poeta dice que «se hace camino al andar», y el amor es, sin duda, un apasionante camino. En la lontananza de ese camino, más lejos o más cerca, a un lado o a otro se encuentra alguien a quien no conoces, de quien no sabes ni el nombre, ni el color de sus ojos y a quien un día unirás tu vida para siempre.

Lo normal es que lo encuentres en el mismo ambiente en que te mueves. Será la hija de unos amigos de tus padres, o el compañero de clase empeñado en pedirte los apuntes o esa morena de ojos claros que conversa con tu mejor amigo al final de una fiesta.

Podrás, sin duda, encontrarla en la parada del metro o en mitad de una discoteca, de cacería o en un supermercado. Seguro que has escuchado en algún que otro programa la curiosa forma en que se han conocido unas y otras parejas y puede que hasta te surja el temor de pensar si tu historia será tan interesante como la de ellos.

No, lo más probable es que no, y que tu historia y la mía sean mucho más normales. Y así, lo normal, es que ese amor surja por el trato con esas personas a las que conocemos y a las que tratamos como ocurre en tantas otras facetas de la vida humana.

Nos gusta trabajar con personas a las que conocemos y de las que nos fiamos, y con gente conocida nos gusta ir al fútbol, viajar o pasar un buen rato. Y eso es lo normal.

Sin duda, podrán surgir personas que en un momento determinado nos deslumbren y nos sorprendan y quizá con ellas también queramos compartir muchas cosas, pero lo normal será hacerlo con las que habitualmente comparten nuestras mismas cosas de siempre y eso tiene bastantes más ventajas de las que inicialmente podemos pensar.

Sin duda, trabajar con alguien diferente es enriquecedor y positivo, pero es ley de vida, que los diferentes modos de enfocar las cosas hagan que en ocasiones surjan los roces, y si eso es muy frecuente, la situación puede resultar insostenible.

Es así que entendemos el esfuerzo que todas las empresas hacen por transmitir lo que se ha venido en llamar la «cultura de empresa» y que no son más que algunos criterios y modos de comportamiento comunes a todos, de modo que en ese ambiente resulte más fácil la relación entre el personal de una compañía.

ANTONIO VÁZQUEZ VEGA

Pues bien, en la relación entre un hombre y una mujer ocurre algo similar, con la diferencia de que esa relación es más continua, más intensa y para toda la vida. Resultará lógico que entendamos la importancia de encontrar alguien que sintonice en nuestra misma onda aunque lo haga con mil formas y enfoques distintos,

pero que en lo esencial, en esas cosas que al final dan el peso específico en una relación, es muy importante estar de acuerdo,

pues sobre ese acuerdo vamos a sentar las bases de muchas cosas, y especialmente de nuestra felicidad.

Pero de eso seguro que luego hablamos y ahora hay otros temas que apetecen mucho más.

La fiesta, la discoteca y un buen vaso de whisky

Hablábamos de dónde conocer a las personas, pero no hay duda de que si hay un sitio donde se puede conocer a una chica o a un chico, ese lugar es una fiesta. Las fiestas se hacen para pasarlo bien, sin duda, pero también para ir conociendo gente nueva con la esperanza de que un día conozcamos a la persona de nuestros sueños. Y eso es lo normal.

Te has puesto una falda ceñida y corta, pero tiene un diseño maravilloso. Ahora es lo que se lleva. En realidad la llevan todas tus compañeras y algunas aún más corta. La has comprado para la ocasión en una tienda que te ha dicho tu mejor amiga.

Has cogido la pulsera de tu hermana y te has dado un toque con las pinturas de tu madre. El dinero lo pone papá, y el coche lo lleva el pinta de tu hermano que está loco por su novia.

Radiante has saltado al cuarto de estar para que todos te vean. ¡Te vas de fiesta! Al entrar, el semblante de tu padre ha disimulado como ha podido el gesto. Luego ha mirado a tu madre y tu madre te ha mirado a ti. No ha dicho nada. Siempre ha sido tan delicado. Le adoras, quizá le quieres así porque es el hombre más maravilloso del mundo, porque su cariño es recio, firme, profundo...,

47

un sueño en el que has aprendido a forjar el ideal del hombre de tu vida.

Y su mirada ha sido como el filo de una espada que te ha dejado cortada y fría. Después, despacio, como quien siente el dolor de una herida abierta te ha dicho:

—Hija mía, estás guapísima.

Lo has entendido todo. Con naturalidad has regresado a tu cuarto y has buscado unos pantalones a juego. Has dejado la falda y has cogido aire. Este recorrido lo hago yo sola, has pensado. Luego has vuelto al cuarto y le has dado un beso a tu padre. Él te ha vuelto a mirar, y mientras te acariciaba el pelo se le ha escapado:

—Hija mía, hija mía.

He querido empezar con este texto, porque no consigo entender qué le pasa a la moda de nuestro tiempo. No entenderé nunca porqué los bañadores de los hombres cada vez son más grandes y los de las mujeres más pequeños. Es broma, pero lo que no es broma es que las modas que tratan de imponer a las chicas de ahora son en ocasiones muy fuertes.

Que una chica con buen tipo se ponga minifalda o una camiseta escotada o bien ceñida para poder enseñar lo más bonito de ella es algo que todo el mundo puede entender. Si lo que quiere es llamar la atención, seguro que lo va a conseguir, y eso lo firma un hombre.

Ahora, lo que me cuesta mucho más entender es que una mujer que no tiene ninguna de esas características, se lo ponga también, porque eso queda ridículo.

Cuando una mujer es guapa, lo que quiere es adornar su belleza, engalanarla con mil formas y colores que la hagan más espléndida, pero nunca rebajarla ni convertirla en ordinaria.

Es por eso que cuando veo en una fiesta a una chica con medio escote o una falda que le impide materialmente sentarse, sólo puedo pensar que o la han asesorado mal o «está buscando guerra» y por ese camino la va a encontrar, seguro.

¡Te lo digo yo! ¡Que sí! Que si a un hombre le ponen una pierna por delante, lo normal es que se le vayan los ojos, y si encima tiene dos copas de más, las manos.

49

Es evidente que no vamos a ir a una fiesta vestidas de colegialas. Hay gigantescas multinacionales diseñando ropa de mujer capaz de adaptarse a las mil peculiaridades de cada una. El resto lo pones tú.

Hay que tener cuidado con la ropa y esto es más serio de lo que pensamos. Dónde está el límite es algo que las mujeres conocen perfectamente sin que nadie se lo explique.

Cuando en un fiesta un chico se acerca a una chica, y ésta va guapísima y correcta, sin temor a nada, lo normal es que ese chico se acerque a nosotras atraído por nuestro físico y nuestra persona y con el sano deseo de conocernos, quizá con la confianza de que seas la mujer con la que ha soñado.

Ahora bien, si se acerca por algún aspecto provocativo de nuestro cuerpo, lo hará sin duda confiado en que aquélla es una puerta por donde se puede llegar mucho más lejos, y aunque no sea así, lo normal es que aquello no quede en nada. Es un hombre lo que tienes delante y lo lógico es que ese aspecto de tu cuerpo le anule y le atonte.

Pero sigamos con nuestra historia. Nos íbamos a casa de los Sánchez donde dan una fiesta magnífica. Tu hermano dice que es un petardo, pero que sirven unas cenas de cine. El ambiente es fantástico y me recuerda una anécdota...

15 años y un vaso de tequila

Eran apenas las diez y cuarto. La fiesta debía haber empezado media hora antes y muchos de los invitados estaban aún llegando.

Me encontré, entonces, con una amiga a la que no veía desde hace algún tiempo. Observé que llevaba en la mano un vaso servido hasta más arriba de la mitad, y como para iniciar la conversación pregunté:

—¿Qué bebes?

—Whisky –respondió con cierta ironía.

—Ya. Y si a las diez y cuarto bebes casi un cuarto de litro de whisky, a las doce ¿qué bebes? –pregunté con el mismo tono.

No me respondió, ni aquella noche ni ninguna otra, y las demás veces que nos hemos visto hemos hablado poco. Era evidente que no estuve muy acertado.

51

No le hizo gracia mi comentario y me alegro porque eso sólo prueba que le molestaba que alguien pensara que bebía, y eso es un grado, en una sociedad donde beber parece que nos hace gracia a todos.

Me paso la vida animando a mi novia a que pruebe el vino, pues nada creo que haya ayudado tanto al progreso de las civilizaciones como ese licor exquisito. Pero de ahí, a llevar un vaso de tequila cada noche, hay un mar infinito donde naufragan muchos barcos que la marea no devuelve nunca.

Y es que ése es otro de los temas de los que teníamos que hablar. Tengo un amigo que dice que no quiere probar el whisky.

—¿Porqué? Hombre, uno de vez en cuando, no está mal.

—¿Mal? Está fenomenal. Eso es lo malo. Lo he probado pocas veces y me encanta y como es un vasodilatador, me anima un montón y me pone a tono. Y eso es lo malo. Me conozco y sé que si lo tomara, no sería capaz de dejarlo.

Las encuestas son terribles. Cada vez hay más jóvenes en España con fuerte dependencia del alcohol. Lo que empezó siendo una tontada puede convertirse en una pesadilla de la que sólo se puede salir con mucha ayuda.

Lo malo del alcohol es que hay que tener una personalidad muy fuerte para saberse controlar. Posiblemente no hayas probado nunca la droga o si la has probado la hayas dejado con repulsión.

Hay que agradecer el esfuerzo que están haciendo los medios de comunicación para hacernos ver los peligros de quienes cruzan ese umbral. Es más, lo de la droga ya no se lleva por esnobismo. Queda mal, y los que embarrancan ahí son unos pobres hombres. Pero con el alcohol no pasa eso. No está prohibido, lo bebe todo el mundo, e incluso queda hasta bien poder tomar una copa de vez en cuando. Y qué «porras», está muy bueno y nos levanta el ánimo

El problema es que una copa, trae detrás otra, y otra más y es tan difícil parar, mucho más cuando tenemos un montón de amigos animándonos a la siguiente. En esos momentos se pierde la conciencia de todo y lo más normal es que hagamos tonterías.

53

Los dos tenemos amigos que se han matado al volver una noche de una fiesta, y sabemos también de alguno que estrenó el maravilloso privilegio de su inocencia en no recuerda qué lugar de no sabe qué sitio. Fue una idiotez, no valía la pena..., pero bastó esa última copa para que todo se estropeara. ¿Entiendes ahora por qué te decía unas páginas antes que tendrás que hacer una opción y pronto? Ocasiones no te van a faltar.

Pero sigamos.

La fiesta ha terminado a las 12. Como decía mi hermano, ha sido un petardo pero la comida estaba fantástica. Es pronto todavía, apenas las 2, y algunos han comentado que vayamos de marcha a una discoteca. La idea ha cuajado de inmediato y en menos de veinte minutos casi todos en la pista de baile. Por el camino te ha comentado tu amiga Inés que fulanito «está buenísimo».

A ti nunca te han gustado ese tipo de comentarios. Te suenan mal. Aún guardas dentro de ti la educación que te han dado tus padres, y ésa siempre ha empezado porque los hombres deben cortejar a las mujeres. Ahora parece que es al contrario. Tú te

54

has esforzado por entender ese cambio, pero no lo consigues. No te gusta.

La música del sitio es francamente buena. Es conocido en Madrid, y está que no cabe un alfiler. Entre varios habéis tomado la pista y procuráis llevar el ritmo. Una, dos, tres, cuatro canciones. Un chico al que apenas conozco me ha preguntado si quiero beber algo.

—*No, muchas gracias.*

—*Y, ¿cómo consigues aguantar?*

La pregunta te ha pillado de improviso. De hecho nunca te lo habías planteado.

—*Pues no sé..., hago deporte.*

El chico se ha marchado sin decir nada, y conforme se alejaba has llegado a la clara conclusión de que ése tampoco es de los que te gusta.

Sigue la música. Hace muchísimo calor y piensas si de verdad será cierto eso que te ha contado un amigo de que en algunas discotecas ponen la calefacción para que la gente beba más.

Rendida te has sentado con el resto del

grupo. *Nadie habla. La mayoría mira de un lado a otro siguiendo el ritmo de la música con pequeños movimientos. Es casi imposible hablar, está tan alta... y aprovechas para mirar en tu entorno.*

Es sorprendente. La mayoría de la gente lo que hace es mirar. No creo que exista un sitio donde la gente mire con tanto descaro y a todo el mundo le parezca normal. No hay mucha luz. Apenas se pueden ver a diez o doce metros y eso sin distinguir muy bien las caras.

Al fondo una pareja lleva un rato fundida en un beso. Más allá hay dos chicas solas contándose cosas casi a gritos. El sofá en el que estoy se ha quedado solo repleto de un montón de abrigos y de bolsos. El resto han saltado a la pista de nuevo, pero a ti te pilla cansada y piensas... La verdad es que no lo haces muy a menudo, pero no sabes porqué la discoteca en esos momentos te hace un poco filósofa.

¿Por qué vendré aquí si en el fondo no me gusta? Me encanta bailar. Me pasaría horas, pero no en este sitio, donde no hay espacio, ni luz, ni aire. Me gusta bailar al aire libre, con mucha gente, pero con luz y con palmas,

con música y silencios. Lo has pensado otras veces, pero al final siempre terminas viniendo. Es lo normal. Todo el mundo lo hace.

Algo te dice que no será allí donde encuentres al hombre de tu vida. No le puedes imaginar allí. Te repele tanto ese ambiente...

Cuando has querido darte cuenta estás en la puerta de la discoteca respirando aire fresco. Has salido tan rápido que no has cogido ni el abrigo. Es enero y hace frío. A unos metros, paseando, hay un chico. Va despacio, como si esperara a alguien. Su cara te suena. Sí, claro, estaba en la fiesta. Él también se ha dado cuenta y te ha saludado con la mano.

—¿Qué tal?

—Bien, muy bien –has comentado.

—¿Ha estado bien la fiesta?

—Sí, la verdad es que ha estado fenomenal.

El frío se mete por los huesos y ya tienes la piel de gallina. Él parece más precavido y miras con envidia el magnífico abrigo que lleva puesto. Quieres entrar para coger el

57

tuyo, pero algo te retiene. ¿Y si cuando vuelva no está? Aguantas.

—*¿Qué haces aquí? –te pregunta.*

—*Estaba un poco cansada y he salido a respirar un poco de aire fresco. Vaya frío.*

—*Sí, es cierto. Pero perdona. Por favor, ponte mi abrigo.*

—*No te preocupes, estoy bien, muchas gracias.*

—*Por favor, póntelo.*

A la segunda has accedido. Si ese chico tarda un minuto más te tienen que llevar a la unidad de congelados del hospital más cercano.

—*Perdóname, no me había dado ni cuenta, y casi te mueres aquí.*

—*No te preocupes. Estoy bien.*

—*Bueno, yo me llamo Gonzalo.*

—*Yo soy Patricia...*

Habéis seguido hablando aún mucho tiempo en la puerta de la discoteca. De qué conocíamos a la anfitriona, qué estudiábamos, amigos comunes..., los minutos se han ido sin darse cuenta. Ya tarde te ha llevado en el coche a casa. Al dejarte te ha comentado que te llamará. Le has respondido que tienes mucho que estudiar pero que no obstante te llame. En el fondo, no sabes por qué le has dicho lo del estudio, pero tienes el convencimiento de que aquello te protege más.

Subes las escaleras andando. Es la primera vez en dieciocho años que te has olvidado que hay ascensor en casa. Tu padre permanece aún despierto leyendo un libro. Lo ha hecho siempre. Tú le has saludado como si fuera la una del mediodía mientras te ibas hacia tu cuarto.

Él te ha seguido con la mirada sonriendo. Luego ha ido hacia su dormitorio y mientras apagaba la luz, ha comentado en susurros:

—Patti, se ha enamorado.

El flechazo

Te has enamorado, sí, y por primera vez has pensado que de verdad existe eso que llaman el flechazo. Claro que existe. Que

·nos lo pregunten a tantos que durante unos momentos hemos vivido de ese hechizo.

Cuando empecé a escribir estas páginas lo hice directamente en el ordenador. Al llegar a este apartado he tenido la necesidad de dejar la tecla y coger la pluma. Sentía, como si el ordenador fuera demasiado frío y distante. Necesitaba la caricia de la pluma, siempre cálida, para expresar la dicha de un recuerdo que se desea mantener íntimo e intacto.

Recuerdo una mañana... andábamos por los fríos pasillos de la biblioteca de la Universidad. Apenas cursábamos primero de Derecho. Al cruce pasó una chica alta y delgada. El instante duró unos segundos. Los suficientes para que el amigo que me acompañaba me comentara con tono emocionado.

—¿Te has fijado en esa chica?... Yo me casaré con ella.

Llevan siete años casados, y cuando hablo con él tengo el convencimiento de que pervive aún la emoción de aquellas palabras pronunciadas cuando todavía ni siquiera les habían presentado.

Lo mejor es que ella jamás se fijó en él,

y aún hoy, sigue diciendo que no entiende muy bien qué es lo que le ha visto.

He querido contártelo porque es gratificante ver que hay historias que empiezan y continúan así.

Sí. Claro que hay flechazos. Hay días en los que se pierde el apetito, y uno no consigue concentrarse ni en la primera página de los apuntes y en los que uno sólo es capaz de esclamar: ¡Dios mío, ¿cómo puedes haber hecho un ser tan maravilloso?!

Recorres las calles esperando encontrarla en cualquier sitio, y te estremece sentir el roce de cualquier cosa que ella haya tocado. Y es que tiene tal poder evocador.

Estudias o trabajas con normalidad, charlas con la gente, vives una vida normal..., pero el pensamiento se escapa una y otra vez, porque ya no es tuyo, es suyo; porque ya sólo aspiras al momento de verla cerca, de sentir su voz calmando tu pasión... y entonces notas que las diminutas pupilas del reloj se paran para siempre.

Ya ves.

CLARO QUE EXISTE EL FLECHAZO

En algunos surgirá pronto, en otros muy tarde, pero surgirá porque tenemos hecho el corazón para amar, y está inquieto cuando no es capaz de encontrar a quién entregarse.

Para algunos, como mi amigo, surgirá espontáneo al ver pasar una chica por los pasillos de la Facultad, o como nuestra amiga en el frío portón de una discoteca madrileña.

En otros, surgirá lento, quizá con alguien a quien conocemos desde hace ya algunos meses o toda la vida. Nos caía bien, nos resultaba simpático, y nos gustaba que formara parte de los planes de amigos y conocidos, pero jamás habíamos pensado que pudiera ser él. Y de repente empiezas a descubrir que le echas de menos. Que los planes en los que él no está dejan de ser atractivos, que algo inexplicable te une a ese ser.

En apariencia, nada ha cambiado. Seguís siendo los mismos de siempre. Es como si de repente un velo suave callera de los ojos y comenzáramos a ver... muchas más cosas.

Perdóname. Me gustaría ser mucho más sistemático al tratar de acercarnos a las cosas del amor, pero no puedo. Las cosas se cuentan cuando se sienten. Lo demás se pierde.

¿Cómo sabré que es ella/él?

Amamos aquellas cosas que conocemos. Y cuando deseamos encontrar a quien más deseamos amar y que sea al tiempo compañero/a fiel que comparta las cosas más íntimas y propias, y, por serlo, las más queridas, es lógico que busquemos un ser que las pueda entender e incluso amar como nosotros mismos.

En cierta forma, lo que nos va a atraer de esa persona es precisamente ver el aprecio y el cariño que siente por las cosas que a nosotros realmente nos importan.

Será en la Universidad o en el colegio, en la oficina o en un plan de domingo con los amigos. Empezarás casi sin darte cuenta a sentir que te agrada su presencia, que cuando ella/él no está, las cosas están como inacabadas, y agradecerás infinitamente a Dios que exista.

La primera vez que escuché a un amigo decir que el día que conoció a la que es hoy su mujer entendió de modo claro y distinto que era ella, pensé que aquello era casi imposible. Después, de uno u otro modo, he ido comprobando que todos, en algún momento, llegamos a esa clara conclusión y que los años no hacen más que confirmarlo.

¿Será posible que entre tantos hombres y mujeres del mundo, habremos siempre de acertar? Misterios de la vida. Lo que está claro es que ésa es una conclusión a la que todos terminamos por llegar.

La primera invitación

Te aseguro que hablar de estas cosas me cuesta. Tengo la sensación como si estuviera escribiendo un manual para enamorar a niñas de 20 años y no me va. Estas cosas no se hablan, se viven. Pero también es cierto que tengo un compromiso y este libro lo tengo que acabar.

¿Qué te puedo contar de la primera invitación? Que la hagas como creas y espero que tengas suerte, y si no la tienes, pues qué se le va a hacer, que eso nos ha pasado a todos y aquí estamos.

Lo siento. Esto era un desahogo, pero tal vez sirva para darnos cuenta de que en esto, como en casi todo no existen recetas.

Tal vez la conociste hace mucho tiempo pero hasta hace muy poco no te habías fijado, o tal vez la conozcas de dos o tres ocasiones nada más, pero en ambos casos tendrás que lanzarte. Ella no tomará nunca la iniciativa. Si lo hiciera, algo te diría que eso no va a funcionar. Dudas las tendrás siempre. Intuyes que a ella también le haces gracia, pero tienes miedo de que te diga que no.

Le has preguntado ochenta veces a tus mejores amigos y has intentado sonsacarle una y otra vez a sus mejores amigas. Todos te dicen lo mismo, y aun así sigues con dudas. De hecho, la única manera de conseguir salir de ellas es lanzándote.

Y ahí cada uno tiene su sistema. Unos lo harán buscando un lugar y un momento apropiado, otros con brusquedad, casi torpes. No te preocupes. Como dice otro poeta, «cuando la palabras no saben de amor, es sólo el corazón quien habla, es sólo tuya la voz». Al final lo conseguirás, de un modo u otro, como lo han conseguido tantos otros antes que tú y no estaban más preparados.

«*Echarse novia*»

La verdad es que esta expresión no sé si se escribe con «H» o sin ella, pero debo reconocer que en ninguno de los dos casos me gusta. No entiendo el tono casi despectivo que recibe en ambos casos cuando se trata de hablar de uno de los sentimientos más nobles del género humano.

Es posible que la que resulta ser una de las decisiones más importantes en la vida de una persona es tomada precisamente en el momento de nuestra vida en que somos más inconscientes y donde nuestro comportamiento resulta, a veces, más infantil.

Te declares en carta o en verso, lo hicieras de prisa o con miedo, lo cierto es que estáis saliendo desde hace unos días.

Estamos saliendo.

Nada ha cambiado. Somos los mismos de ayer y sin embargo todo es tan distinto. Tengo un compromiso y siento que no soy demasiado consciente de qué significa eso exactamente. De hecho tengo amigos que han tenido hasta ocho novias y ahora no tienen ninguna y no parece que eso les haya cambiado.

A ti, sin embargo, te llena plenamente y te parece el estado más maravilloso del mundo. De hecho no puedes entender cómo has podido vivir el resto de tu vida sin conocerle.

Y es que cuando uno se enamora todo le parece maravilloso. En esos momentos sólo se puede pensar en la manera de permanecer más tiempo junto al otro y todo lo demás parece de segunda categoría.

Procuráis veros todos los días. Algunos

estudiáis juntos, otros vais al cine o salís con los amigos y estáis tan a gusto. Otras veces, sin prisas, os habéis metido en una cafetería a charlar... y el tiempo parece que se hubiera parado...; tenéis tantas cosas que contaros.

A los amigos les traes fritos. De hecho comentan que cada vez es más difícil contar contigo y que fallas hasta para los partidos de fútbol. «Si es que las mujeres... en cuando trincan a uno...», y te hacen chistes que ni te molestan.

Ahora hay alguien que te importa más que todo eso. Alguien, piensas, que de verdad está dando contenido a tu vida y

sientes, lejano y profundo, el presentimiento de que ese amor va a ayudar a tu vida y va a sacar de ti lo mejor que llevas dentro.

Y pasan los meses...

Han pasado algunos meses. Apenas te has dado cuenta, entre los atropellos de los primeros parciales y la ilusión de verla siempre. La verdad es que casi no recuerdas ningún día en que hayas dejado de estar con ella aunque sólo fuera unos minutos.

En cualquier caso estás más tranquilo. Os conocéis mejor, y por qué no decirlo, hasta habéis tenido vuestras pequeñas diferencias que durante las últimas semanas, sin saber porqué, parece que se han hecho más continuas, pero gracias a Dios son siempre por cosas pequeñas, sin importancia, que se arreglan muy pronto.

Durante esos primeros meses todo es maravilloso y uno y otro no es capaz de ver más que las cosas buenas, y aun las malas, uno las mira con tan buenos ojos, que las ve buenas.

Son meses de ilusión, de felicidad, de estar completamente encantados. Me decía un amigo que él a los quince días de estar saliendo con su novia formalmente le pidió casarse. Su novia, con buen sentido, le dijo que estaba loco pero que le encantaba escuchar esas cosas. Lo mejor es que mi amigo lo decía de verdad, convencido.

ANTONIO VÁZQUEZ VEGA

Y siguen pasando los meses...

Pero la vida sigue. Pasados esos primeros meses de ilusión encendida, la vida parece que se vuelve más normal. La verdad es que hasta ahora era tan normal como siempre, pero a nuestros ojos todo era nuevo y diferente.

Ahora volvemos a lo cotidiano con la parsimonia de siempre. Y a esa vida lo único que hemos hecho es acompañarle con el delicioso ingrediente de llevar una pasión en el corazón. Por lo demás, los días seguirán: los habrá oscuros y claros, días buenos y días malos y habrá, no lo dudes, muchas discusiones, muchísimas discusiones. Es como si las parejas tuvieran que ir limando sus asperezas con esos pequeños momentos de sinsabores. La mayoría por cosas tontas y sin importancia, y otras de cierta altura, con mar de fondo.

Y en medio, como auténtico testigo fiel de nuestro amor, el teléfono, el dichoso teléfono. Pero déjame que te cuente...

70

Cosas del amor

(Pareja de novios. Cada uno permanece en su casa. Se despidieron hace una hora.)

1ª llamada

Ring, ring, ring.

—Sí, ¿dígame?

—¿Está Marta?

—Sí, un momento, ahora se pone. Marta, el pesado de tu novio.

—¿Sí?

—¿Marta?

—Luis, ¿qué tal?

—Bien, pero dile al gracioso de tu hermano que el chiste está muy visto.

—Ah, déjale.

—Estaba viendo la película, y tú ¿qué haces?

—Estaba cosiendo una falda. Creí que no me ibas a llamar.

—¿Por qué?

—*Normalmente llamas antes.*

—*Ya, pero es que hoy he llegado más tarde.*

—*Ya.*

(Silencio en el teléfono.)

—*¿Te pasa algo, Marta?*

—*No, ¿por qué?*

—*No sé, te noto la voz un poco...*

—*Pues no, y no sé cómo dices estas cosas encima de llegar tarde.*

—*Oye, conmigo no te ponga así.*

—*No te estoy diciendo nada.*

—*No empecemos.*

—*Eres tú el que ha llamado de mal humor.*

—*Oye rica, si te pones así no te vuelvo a llamar.*

—*Pues a mí no me llames para esto.*

—*Vale, pues lo dejo.*

—*Adiós.*

2ª *llamada*

(15 minutos más tarde.)

—*¿Sí?*

—*¿Marta?*

—*Sí.*

(Silencio.)

—*¿No dices nada?*

—*¿Qué quieres que diga?*

—*No sé. Es la segunda vez que te llamo.*

(Silencio.)

—*Oye, si no vas a decir, te cuelgo.*

(Cuelgan.)

3ª *llamada*

(30 minutos después.)

—*¿Marta?*

—*¿Sí?*

—*Oye yo creo que esto es inaguantable. Cada vez que te llamo te pones tontísima.*

—*Te lo dices tú todo.*

—*No. Te digo sólo las cosas como son. No hay manera de hablar contigo.*

—*Encima.*

—*Sí, encima... de repente te pones hecha una fiera sin motivo, ¿pero tú te crees que ésas son maneras?... Es la tercera vez que te llamo.*

—*Pues la próxima vez no te cojo el teléfono.*

—*Pues...*

(Largo silencio.)

—*Oye, perdona.*

—*No, perdona tú.*

(Nuevo silencio.)

—*He dicho que lo siento.*

—*Y yo también.*

—*Hija, pero lo dices con un tono...*

—*¿Y con qué tono quieres que lo diga?*

No puedo cambiar de una cosa a otra en un momento.

(Silencio.)

—Bueno, tienes razón. Mañana hablaremos con más calma. Perdona.

—No te preocupes.

—De verdad, no sé qué ha pasado, me he puesto nervioso.

—Yo también.

—Lo siento, de verdad.

—Nada, no te preocupes.

—Lo siento, perdona. Que descanses.

—Tú también.

—Un beso.

—Adiós.

Esta conversación u otras similares pueden producirse con cierta frecuencia entre muchas parejas. Y lo único que reflejan en este mundo light es que parece como si todo se hubiera vuelto más frágil, hasta el amor

75

de una pareja que en la actualidad no aguanta nada.

Los poetas, los artistas, los filósofos, se han pasado muchos siglos intentando explicar el amor sin conseguirlo, quizá porque nada hay tan amplio y grandioso como desear que el «otro exista», algo que nada tiene que ver con el gustillo interior que supone querer y ser querido.

Amar es renunciar a entender, morir, sufrir, ir gastándose en el deseo irrefrenable de que el otro sea más, más, más...

«Y cada día, al levantarme soñaré con conquistarte, con volver a enamorarme de ti. Será una mirada, una sonrisa, un detalle... volveremos a ser los aristócratas del amor.»

Pero sigamos. Lleváis saliendo ya unos meses. Habéis seguido con los mismos planes de siempre pero ahora juntos, todo juntos. Los ratos de estudio o de trabajo los tenéis por separado pero habláis todos los días, algunas veces incluso por la mañana y por la tarde.

Cuando podéis coméis juntos, y los

fines de semana los aprovecháis para hacer algunos planes fuera de la ciudad o salir con otros amigos... y mientras tanto disfrutáis. Disfrutáis del hechizo de unos momentos que os parece que no podían existir y todas las cosas os recuerdan a él, a ella. Y pensáis que no puede existir nada mejor en el mundo, que vuestra felicidad parece colmada cuando estáis junto al otro.

Disfrutamos en esos momentos de las primicias de una aventura que no ha hecho más que empezar y cuyo horizonte de felicidad dista mucho más de lo que auguran tus primeros sentimientos. Estás empezando. Queda tanto por recorrer, y ese recorrido es tan grandioso que si te lo contaran en esos momentos pensarías que no puede ser real.

En este loco juego del amor se puede llegar tan lejos como uno quiera. El camino está ahí. Recorrerlo de un modo u otro es decisión personal de cada uno. A los lados, verás los jalones que te indican que es por ahí, y de esos jalones hablaremos también.

ANTONIO VÁZQUEZ VEGA

El beso

¿Y cuándo le doy el primer beso?

Una tarde, al salir del trabajo, me comentaba un buen amigo que por fin, después de muchos años, había encontrado a la mujer de su vida. Buena, guapa, elegante y lista. Un fenómeno por lo visto.

Con entusiasmo me relataba los comienzos de su relación, que aunque fueron fríos, cada vez se fueron relajando más.

Y en mitad del charloteo, casi sonrojado a pesar de su edad me preguntó:

—Oye, ¿cuándo le doy el primer beso?

—Pues no lo sé –le respondí casi perplejo–. No creo que haya un momento concreto. Eso es algo que viene natural, espontáneo.

Hoy, han pasado algunos años desde entonces, cada vez que paseo por la calle, entro en un cine o charlo con un grupo de amigos, me acuerdo de su pregunta y quisiera decirle muchas cosas.

Le diría que retrasara ese beso cuanto pudiera. Que supiera alargar ese tiempo en

78

que una mirada produce un sobresalto y las delicadezas no son cursilerías, sino amor recio y fuerte. Que esperara hasta sentir que ya no es necesario, que es tan grande la sintonía entre ellos que se podría cortar.

Hablemos de sexo

La verdad es que no sé si éste es el sitio indicado para hablar de este tema complicado y difícil, pero apasionante.

Qué bien hechas están las cosas. De hecho, sería la gran proeza del género humano si no fuera obra de Dios; y es que el sexo es una de las grandes maravillas con las que Dios ha querido adornar a las personas. Un privilegio que a todos ha sido concedido, y que sin resultar necesario para la perfección humana, cuando se usa bien, la perfecciona, la ennoblece y la eleva.

Un privilegio que cada uno debe descubrir en su propia intimidad sin más maestro que el cariño y sin más escuela que el amor, un amor sereno y fuerte que hace del hombre el gran colaborador de Dios para el acontecimiento más grandioso que ninguna mente pudo imaginar: crear la vida humana.

Todo el progreso de la humanidad, toda su ciencia y exactitud, todos los medios unidos de que ha dispuesto la historia desde que es historia, serían incapaces de acercarse a vislumbrar la remota posibilidad de crear una persona. Y esa inmensidad Dios la pone en manos de los hombres. A ellos ha dejado la llave que permite que un nuevo ser vea la luz o calle para siempre.

Y encima, como para demostrar que sus modos de hacer las cosas son sólo suyos, ha dejado como sello de esa posibilidad el que ésta sólo se pueda producir «*con un beso*».

Pocos temas hay tan delicados y personales como descubrir cada uno el señorío de saber gobernar su cuerpo. Y descubrir también en ese hermoso juego, que el colmo de la fortaleza es la dulzura.

Hoy, cualquier persona normal, llega a los 20 o 25 años habiéndolo visto casi todo. Nos lo van mostrando en los anuncios, en las películas, en los programas, en la escuela o en algunas playas de moda. Y lo hacen con descaro, hasta con risas y chistes.

Contaba una madre a otra con pena:

—Qué triste que mis hijos lo sepan todo por la televisión. No soy capaz de saber cuándo les tengo que hablar, porque allí ya se lo cuentan todo.

Y es que lo meten en el yogur o en la sopa. Para vender un coche o presentar un aspirador.

Dicen los psiquiatras que lo peor de la pornografía es que crea modelos de comportamiento, que se graba en la mente y luego surge instintivamente, y las personas, así, pierden toda espontaneidad y encanto para aplicar a su amor las técnicas de una película. No. Lo peor de la pornografía es que mata el alma, y eso no se puede curar.

Déjame decirte sólo dos o tres cosas. Quiero decírtelas porque las he visto demasiadas veces para seguir pensando que son una excepción. ¡No, no lo son! Hay demasiada gente empeñada en robarle la intimidad a los chicos de entre 12 y 25 años.

Estás viviendo los mejores momentos

de tu vida. Es posible que en muchos temas, estés tomando tus primeras decisiones de verdad. Has escogido tu carrera, la que tú querías, vas con la gente con la que crees que debes ir, rezas al Dios que crees que debes rezar y luchas por aquellas cosas en las que confías. Has descubierto, también, que dispones de un cuerpo y de una cabeza a los que hay que controlar. Y seguro que has visto ya que muchas veces hacen lo que quieren.

Estás madurando y esto te apasiona. Estás poniendo los pilares sobre los que vas a asentar el resto de tu vida. Has aprendido finalmente, no lo olvidarás, que las almas se llenan de cicatrices que nunca terminan de cerrar.

Muchas de esas cosas te las habrán ido enseñando. En la mayoría de los casos te habrán aconsejado, te habrán ayudado incluso a forjarte esa historia de tu vida. De hecho muchas veces tu queja ha sido precisamente ésa, que intervienen demasiado en nuestra vida, que parece como si todo el mundo se viera con derecho a poder influir sobre nosotros y has descubierto, al fin, que la mayoría de las veces debe ser así y que es muy difícil escapar a esa influencia.

Pero si hay algo donde nadie puede entrar, porque el mismo Dios quiere respetar, eso es tu intimidad. Algo a lo que nadie en el mundo tiene derecho a intervenir. Tienes algo muy personal, algo muy tuyo que no debes dejar nunca de valorar. No puedes, vale demasiado.

Enemigos vas a tener muchos. Y no sé cómo eran las cosas en otros tiempos. Ahora te puedo asegurar que *reparten tortas por todas partes* y al que no está atento le dan de lleno.

El ambiente, los medios de comunicación, la publicidad, y hasta la gente parece haberse empeñado en tener que dictarnos a todos cómo debemos usar nuestra propia intimidad y nuestro sexo, y nos ponen mil ejemplos convencidos de haber descubierto ellos lo que existe desde que el hombre es hombre.

Hay quienes dicen que en la vida hay que experimentar y es cierto. De hecho es muy conveniente para muchas otras cosas de la vida. Pero los experimentos, no lo

83

debemos olvidar, tienen sus riesgos y ésos hay que asumirlos. La diferencia es que aquí los experimentos son un paso hacia adelante que no tiene marcha atrás.

Si el experimento fue positivo, fantástico; pero si fue negativo habrás de convivir con sus consecuencias el resto de tu vida. Y en este tema, te lo puedo asegurar, hay mucha gente que ha hecho experimentos y en la mayoría de ellos, se han arrepentido.

Si una noche te has quedado tarde viendo solo la televisión, y por curiosidad has conectado una película que sabías de sobra lo que te iba a mostrar, es posible que hayas visto cosas que no habías visto nunca e incluso has aprendido algunas que no podías ni imaginar.

El sabor que eso te ha dejado sólo tú lo puedes conocer. Pero descubrir, lo que es descubrir esas cosas, jamás lo podrás hacer de la mano de la persona amada. No podrás, porque, sencillamente, ya lo habrás descubierto. Decía una revista del corazón para mujeres en su publicidad: «Si eres de las que prefieres el sexo en la televisión en vez de en la cama, no leas esta revista». Las conclusiones las sacas tú.

Y si un día, porque te dejaste llevar por tu pasión o porque llevabas dos copas de más, te pasastes con una chica, es posible que pasaras un buen rato y que hayas conocido nuevas sensaciones. Deberás recordar entonces que con nadie más, en todo el mundo, podrás descubrir ese sentimiento, y sobre todo que jamás podrás hacerlo con la persona amada. Sencillamente, ya lo conociste un día en un portal, y aquí no hay segundas oportunidades. Podrás hacerlo muchas más veces, con otras o con la que de verdad quieres, pero la primera, aquella en la que lo descubriste, ésa, jamás volverá.

El problema es que entre una sensación y otra, hay una gran diferencia. Pasar un buen rato es algo casi instintivo, como instintivo es que un gato se aparee con una gata. Lo hacen y eso les place y les sacia.

La diferencia es que el hombre posee una capacidad muy superior de disfrutar, precisamente la que otorga el hecho de ser un ser racional. Un gato disfruta con su instinto, un hombre disfruta con su cuerpo y con su alma, y es por eso que la persona puede disfrutar en esto, también, de un modo inimaginable.

Una cosa más. No te preocupes por no tener experiencia en estos temas. Un tonto se junta con una tonta y salen tontitos. Mira, respetar nos cuesta a todos. Lo fácil, lo que se lleva, es pasárselo bien, pero los anticipos, siempre se pagan. Cuando separamos el sexo del matrimonio y por tanto de su propia función natural al hombre, hemos entrado en una dinámica que empobrece y en algunos casos hasta arruina.

RESPETAR NOS CUESTA A TODOS

Te lo van a poner difícil. Si piensas que eres un hombre con personalidad, aquí vas a tener que demostrarlo muchas veces. Lo vas a tener que hacer ante determinadas películas y revistas, ante algunas fiestas y conversaciones con tus amigos, y ante algunas niñas, que para qué nos vamos a engañar, no te van.

La pasión en las venas de un joven de

20 años es pólvora, y hay que tener muchos arrestos para saber cuidar que no prenda más que cuando uno quiere que prenda. No te metas en líos ni en batallas que sabes que tenemos perdidas antes de empezar. Me decía una amiga con gracia que lo de su novio era increíble, que cuando llegaban a casa por la noche en el coche, casi la arrojaba y se marchaba de inmediato. Lo contaba con risa, pero ahora son un matrimonio maravilloso.

Sorprende que en nuestros días un novio, que se conoce a sí mismo y que sobre todo conoce la pasión que siente por su novia que *está como un tren*, la deje en su casa sin mediar palabra y se marche.

¿Qué pasa, es que no se puede hablar en un coche? Claro que se puede. Normalmente es lo que se hace. Pero también es normal que si tu novia te gusta y encima se ha arreglado más para salir contigo y si son las 2 de la madrugada y nadie pasa por la calle a esas horas, y si has bebido o no has bebido, y si ya tienes más confianza con ella, lo normal es que le quieras dar un beso, y abrazarla y *comértela* porque gra-

cias a Dios eres un hombre bien constitui-
do y la pasión nos quema a todos.

Ser valiente en un caso como ésos es ser
siempre inteligente y la cabeza en esos
momentos lo que dice sin duda es que sal-
gas de allí cuanto antes o te *comerás* a tu
novia.

Y ahí vas a tener que ser valiente y fuerte. Jugarás con ventaja. Entre la gente sana
y con principios se dan los fuertes y entre
los obsesionados que se lo dan todo, se dan
los blandos y flojos.

Utiliza el sentido común. Por mucho
que te guste, no resultará muy lógico
pedirle a tu novio que te acompañe a com-
prar ropa. Aparte de que ése es uno de los
planes que más le puede aburrir en el
mundo, lo normal es que le estés exponien-
do a un desfile de modelos que lo único
que puede conseguir es animar la imaginación. Tienes un montón de amigas a las
que les apasiona recorrer las calles de tu
ciudad haciendo a todos los dependientes
sacar todos los modelos de temporada.

Una última cosa. Si conoces a una mujer de verdad, nadie como ella sabrá agra-

decerte ese detalle de haberte reservado sólo para ella. Me comentaba una amiga llorando, lo que sufría al *estar* con su marido y pensar que él había estado antes con otras mujeres.

Y a vosotras os puedo decir pocas cosas. Las mujeres saben valorar de modo intuitivo mucho más lo que tienen y saben también que cuando una mujer se degrada lo hace mucho más profundamente que un hombre.

Juegas con ventaja, pues sabes manejar mucho mejor los sentimientos y controlar tu pasión. De sobra conoces que las reglas y los límites los marcas tú. Sabes también que si pierdes tus armas habrás perdido para siempre la partida.

No provoques nunca. La mecha de ese fuego sólo la puedes encender tú. Lo que tienes delante es un hombre y en estas cosas lo normal es que sus comportamientos te parezcan en muchos casos hasta pueriles. Se les ve venir con tanta claridad.

> LAS REGLAS Y LOS LÍMITES
> LOS MARCAS TÚ

Además en ese juego te puedes quemar.

Era de las primeras veces que salía con un grupo de amigos de marcha. Varios de ellos iban acompañados de sus novias, y juntos fuimos de copas por las calles de Granada.

Cuando eran cerca de las 12 de la noche, fuimos acompañando sucesivamente a cada una de las niñas a su casa. Las despedidas, muy románticas, nos hacían reír a todos, y eran aprovechadas para que unos y otros hiciéramos chistes fáciles.

Cuando las dejamos a todas, uno de mis amigos dijo:

—Bueno, y ahora vamos a ver qué es lo que pillamos.

—Venga Javier –le dije– no tengas cara, que tú tienes novia.

—Y eso qué tiene que ver.

—O sea, dejas a tu novia, y ahora te vas a ver qué pillas.

—Mira, tío, yo a mi novia no la toco por principio, pero si una tía se pone a tiro...

90

—*Ya. ¿Y si ella hiciera lo mismo?*

—*Pues la dejaba.*

—*Ya.*

—*Mira,* **no me gustan los platos de segunda mano.** *–Y después, como si no hubiera dicho nada, me dijo–: Vamos, que nos están esperando y se nos van.*

Detalles de afecto

Bueno, parece que ya hemos hablado de algo importante. Lo es, sin duda, pero en modo alguno es lo más importante.

> EL AMOR SE ALIMENTA
> DE PEQUEÑAS COSAS,

al menos eso dice todo el mundo, y deben tener razón aunque sólo sea porque grandes ocasiones, hay muy pocas.

Y entre esas cosas pequeñas están los detalles de afecto. De hecho, hay muchas parejas que te comentan que todo va muy bien, pero que él o ella no tienen detalles de afecto.

Sin embargo hay que distinguir que en eso, como en tantas otras cosas, la demanda que hombre y mujer hacen es diferente. Si tenemos que ser objetivos y claros, debemos admitir que en el 90% de los casos, la queja que manifestamos los hombres es por falta de detalles de afecto físico (un beso, una caricia, un abrazo) mientras que las mujeres acusan sobre todo la falta de detalles más materiales y externos (un pequeño regalo, una flor, una llamada a tiempo, un comentario sobre el traje nuevo...).

Del segundo tipo de quejas apenas se puede decir algo. Los hombres somos torpes hasta para eso, y aunque han pasado los años, seguimos sin enterarnos de que a las mujeres se las conquista precisamente con esos pequeños detalles. Pero ésa es una escuela en la que iremos aprendiendo solos y normalmente a base de golpes.

En lo que sí conviene detenerse brevemente es en la primera de las quejas, la de la falta de los detalles de afecto físico. Dar un beso es algo muy necesario, una caricia es un auténtico diálogo y un abrazo es lo más entrañable.

Esos detalles, en los momentos precisos, son mucho más auténticos que mil razones y dos mil conversaciones. Amigo... un beso es un leño, y otro beso es otro leño, y otro leño más y otro, hacen una hoguera fantástica donde nos podemos quemar casi todos.

Hacer que prenda un solo leño es tarea difícil, pero cuando son muchos, la chispa más pequeña los hace arder, y eso las mujeres lo saben sin haberlo aprendido en el colegio; y gracias a Dios la mayoría de las veces son ellas las que paran antes de que aquello vaya a más.

Entiéndelo, tienen mucho más que proteger que tú y hacen bien. No la fuerces, ni la trates de convencer con mil razones muy razonadas.

Además, cuando esas cosas no se cuidan, te lo aseguro, se pierde hasta el decoro y si no escucha el ejemplo. No es el más ajustado pero no tenía otro, y bien sabemos todos que en la mayoría de las veces, es el revés.

Perder los papeles

Tengo un amigo la mar de curioso. Dice que se pasa la vida en el coche de un lado para otro de Madrid y que para entretenerse lleva una grabadora donde va dictando todos las cosas que se le ocurren, tanto del trabajo, como de planes o de cosas de las que de repente se acuerda. Un día me contó que vio una escena que le pareció tan divertida que se puso a grabarla. Y aquí está:

Son las 7 de la tarde y estoy en mitad de un atasco. Tengo delante un coche con una pareja de jóvenes. De unos veinticinco años. Llevo aquí un par de minutos y durante todo este tiempo la chica ha permanecido abrazada al cuello del chico.

Siguen pasando los minutos y ella sigue en su cuello. Ha habido un momento en que no he podido evitar reírme... porque es que se lo come. Lo que no sé es cómo puede conducir este hombre. ¿Que hará?... porque el pobre está asfixiado. No deja de él ni un trozo.

Cuando una mujer pierde los papeles...

Él se ha decidido en estos momentos a poner la radio y está cambiando la emisora para ver si consigue entretenerla un rato. Ahora, ella también busca una emisora..., pero se ha cansado y vuelve a lanzarse al cuello. De ésta no deja nada.

Bueno, parece que lo han dejado... No. Vuelve otra vez.

El chaval parece un tipo normal, que sólo intenta conducir. Pero ella le mira, y le vuelve a agarrar. Él intenta explicarle algo sobre la radio. Ahora es ella la que la mira. La examina. Se me están escapando. Un momento. Los cojo de nuevo... ahora los acabo de perder definitivamente.

¡Pobre hombre!

Embarazos de adolescentes

¡Pañales, regalarme muchos pañales!

Me lo contó un amigo y le he pedido que lo escribiera.

Una tarde fuimos un grupo a ver a una amiga. En realidad no era exactamente nuestra amiga sino una amiga de una amiga nuestra. Sentados hablábamos de muchas cosas prestando poca atención a un pequeñín que jugaba por allí. Al cabo de un rato la conversación comenzó a girar en torno a él. Que si lloraba mucho o poco, que si se portaba bien y comía mal, y sobre todo de lo mucho que había que cambiarle. De hecho su madre nos decía entre bromas que el día de su cumpleaños, por favor, le regaláramos pañales:

—Pañales, regalarme pañales, que no sabéis lo que cuestan.

La conversación continuó con normalidad y entre unos comentarios y otros, poco a poco, fui deduciendo que aquel niño no tenía padre y no precisamente porque se hubiera muerto.

Tengo que admitir con pena que quedé helado. Esa chica, guapa, lista... tenía un niño de una relación con un chico del que no sabía ahora ni qué hacía. La miraba como un idiota. Muchas veces había oído casos de niñas que se quedaban embaraza-

das de otros chicos, pero ahora era cierto. No era algo que había oído, estaba allí y el niño era una monada.

No puedo ocultarte que fui tan pobre hombre que durante unos segundos la juzgué, y la juzgué mal. Pobrecilla, pensaba, éstas son las cosas que pasan cuando la gente se descuida, hay que ver, si es que...

Continué mirándolos. Sentía reparo de que pudieran darse cuenta de cómo les miraba, pero no podía evitarlo. No. Aquella chica no era una mujer cualquiera. Era atractiva, dulce, educadísima..., una niña que se lo merecía todo.

Y el niño. Aquel chaval era... de vez en cuando se acercaba cariñoso para que su madre le armara un juguete. Les veías y sentías que la vida se abre camino siempre por encima de todo.

Aquella niña tenía un niño, cierto, y éste era efecto de una relación esporádica de un día. Bastó un minuto... un minuto torpe y absurdo en que se dejó seducir por un idiota.

Si fuera de las que lo hacía con frecuencia, seguro que llevaría preservativos, pero quienes la conocen saben que no, que no los llevaría nunca, como nunca más volvería a dejar transcurrir ese minuto.

Y ahora lo asumía, con entereza. Posiblemente muchos le habrían sugerido abortar, es tan fácil. ¿Por qué? ¿Porqué debe pagar el niño nuestro error? No, él es el único inocente de esta historia, Tú, niñato de viente años, que te crees un hombre podrás irte si quieres, y olvidarte de que en algún sitio, alguien noble y bueno, lleva tu sangre, pero él se queda –te has repetido muchas veces– mientras tenga tu madre un aliento de vida.

Sabe muy bien a qué está expuesta. Sabe lo difícil que será la vida ahora para ella, especialmente por lo complicada que se la vamos a hacer esta sociedad hipócrita, y sabe, como nadie, que las decisiones, aun las de un segundo, son para toda la vida.

Y sentí rabia, un deseo de pegar un puñetazo a ese canalla,porque eso no se hace y si lo hace es porque sabía que al final no era él quien pagaba las consecuencias.

Volví a mirarla, y volví a mirar al niño con cariño. Al despedirnos no pude evitar darle dos besos bien fuertes mientras en silencio, callado, comentaba:

—Te traeré pañales, muchos pañales.

Planes de fin de semana

Pero no nos pongamos tan serios y sigamos contando cosas.

Los peligros de los buenos

Tengo un grupo de amigos –comentaba un viejo conocido con la ironía de quien no se ha sentido muy identificado– de los que podríamos decir que han recibido en la vida una formación especialmente predilecta. De príncipes y princesas –seguía diciendo entre bromas–.

«Masters», ingenieros, arquitectos, de una preparación humana extraordinaria, con una educación exquisita. El problema –continuaba– es que estos «buenos chicos» no son malos, es que simple y llanamente son sólo eso, «buenos chicos».

99

Verás. Te voy a contar algo de cómo es nuestra vida, y luego tú me dices.

Las Navidades solemos pasarlas en los Alpes. Ya sabes, las pistas españolas son demasiado cortas y están siempre llenas de gente. Este año parece que vamos a ir un grupo de unos 50 amigos.

En Semana Santa, Sevilla. Procesiones, y entre piropo y piropo a las Piedades, un guiño a ésa que pasa de punta en blanco. Después te puedes escapar unos días a la feria de Córdoba que es menos conocida, y si las cosas no van bien, siempre puedes pasar unos días en la playa.

El verano es más variado. Los hay que van a la costa, da igual la zona, siempre que puedas combinar con alguna escapada para hacer compras. Otros aprovechan para ir a los Estados Unidos o hacen viajes exóticos.

Durante el año los planes son más escalonados. Los fines de semana se suele montar a caballo. Gredos, Toledo, Ávila. Se monta durante cuatro o cinco horas. Al llegar, la gente del pueblo tiene preparada la comida. El plan suele salir un poco caro pero compensa el estrés de la semana.

Por supuesto, las fiestas. No sé cómo se produce, pero todos los sábados surge alguna. Poco alcohol y mucho ritmo, y siempre algún plan que puedes comentar el lunes.

Y los años van pasando... –decía con el gesto más serio–. Y la gente, la gente selecta de nuestro tiempo, la que mejor puede tener conciencia del cambio que estamos viviendo, va consumiendo los mejores momentos de su vida, en nada malo, sino en planes demasiado buenos. Y la sed de ideales se va apagando, se va tapando entre demasiadas cosas que ocupan pero no llenan.

Llegamos a los 30 años, a los 33 sin haber creado un patrimonio económico. Teníamos un buen sueldo, pero se ha ido esfumando con cada plan. En lo social, ya quedan pocos amigos. Muchos se han casado y apenas los vemos. Otros han desaparecido porque eran personas que convenían según los tiempos. En cualquier caso, aquellas conversaciones poco profundas, han dejado poco poso, un poso del que ahora pudiéramos tirar.

En nuestra vida interior, en ésa que descubrimos cuando nos cuestionamos nues-

tros planteamientos, es posible que hayamos cubierto con creces nuestros problemas de conciencia, de una conciencia a la que en el fondo no teníamos demasiado interés en alimentar. Es verdad que queremos a la gente, pero hay tantos asuntos a lo largo del día, que apenas te queda tiempo para tratarlos.

En lo de la empresa sí que estamos fuertes. Los cambios en la bolsa, o los planes de viabilidad han costado su esfuerzo, pero están dominados. No hemos creado empresas, pero trabajamos de miedo en las que ya existen. No tenemos hijos. Papá decía que a mi edad ya tenía tres. Pero es que ahora la gente se casa más tarde. Leemos poco. Escribimos menos. Ya estudiamos suficiente...

Los días de nuestra vida siguen pasando. Quizá, por eso, al plantearme estas cosas siento cómo a mis 33 años descubro que las grandes cosas de la vida son aquéllas a las que se entrega todo, que sólo tengo una vida y ésta se va escapando.

> NO ES BUENO EL HOMBRE
> QUE SÓLO ES BUENO

La verdad es que la primera vez que leí este texto me molestó. Pensé que en el fondo tenemos que pasarnos toda la vida quejándonos. Si hacemos cosas, porque las hacemos, y si no las hacemos, porque no las hacemos. Pensé que quien lo había escrito era el típico «tío» cansado de todo, que una tarde se había puesto a escribir en plan filósofo su propia insatisfacción personal y encima con mal estilo literario.

Sin embargo he guardado ese papel como otros tantos de los que aquí he recogido pensando que podría servir, y hoy, cuando ya han pasado algunos años, pienso que tiene más interés del que en un primer momento pude imaginar.

Tampoco sé muy bien qué extraño impulso me ha llevado a ponerlo aquí. Posiblemente fuera más propio de un manual de Sociología para adolescentes o de Psicología aplicada, pero no que tuviera algún interés en un texto que lo que pretende es hablar del noviazgo.

Y sin embargo cada vez que lo leo pienso en las cosas que ahí se refieren, me doy cuenta de que tienen mucho que ver, muchísimo.

Comentábamos al principio de estas páginas que el mundo que nos ha tocado vivir nos obliga pronto a posicionarnos, a tener ideas propias. Posiblemente a una persona sin principios o sin un sentido claro de la vida, esta época en que vivimos pueda resultarle especialmente cómoda.

En el fondo, se trata de adaptarse a las cosas que nos llegan, y éstas casi siempre, para bien o para mal, vendrán dictadas por los medios de comunicación. Si en cambio pretendemos ser personas de principios, de un estilo personal de vida, de una coherencia entre nuestro modo de pensar y de actuar, eso nos hará estar en guardia permanente buscando y analizando cuantos mensajes recibimos diariamente, adaptando sólo aquello que pensamos que nos resulta más apropiado para ser «más nosotros mismos».

Pues bien. Es muy posible que tú seas uno de esos que busca formar tu propio criterio y que no dudas de tus principios.

Es más, los defiendes y no te da vergüenza luchar por ellos.

El problema es que muchas veces nos conformamos sólo con eso, con defenderlos, con custodiarlos como algo muy personal, pero no tratamos de hacerlos avanzar, de progresar en ellos hasta conseguir de verdad una coherencia absoluta que nos permita «realizarnos a nosotros mismos».

> APRENDER A SER MÁS
> NOSOTROS MISMOS

Ése el tema que creo que quería recoger mi amigo. Él no hablaba de la juventud embarrancada en una litrona, drogados en mitad de la calle un sábado por la noche. Él hablaba de gente buena, de un comportamiento ejemplar, casi modélico que sin embargo le repugnaba por «blando» a base de ser «bueno».

Ésa puede ser la clave. Que muchos hombres de hoy, son sólo eso, buenos. Ni pésimos ni magníficos, y la frustración de mi amigo es la de pensar que la juventud siempre ha sido todo, menos moderada.

A la juventud de ahora le faltan arrestos, por no decir algo más fuerte, y eso hace que a las cosas les falte sabor. Dicen que los cambios los propone siempre la juventud, que por su propia naturaleza se opone a todo y es probable que eso sea hasta bueno para poder avanzar. Ya se encargará el resto de la sociedad de frenar sus impulsos, pero por favor, que haya impulsos que frenar.

Políticamente la gente joven pasa. No dudo de que tengan un motivo, pero pasando no se arreglan las cosas. Culturalmente, no se lee, y cuando alguien se enciende en una discusión un poco más filosófica de lo normal, no faltan los chistes para ridiculizar esa actitud.

Son muy pocos los que gastan su tiempo en idear cosas o promover proyectos. La mayoría no tiene más afición que el fútbol del domingo y se pueden contar con los dedos de la mano, los que se les ha ocurrido alguna vez escribir una poesía. ¡La gente joven de ahora necesita romper muchos platos!, y ésa era la crítica de mi amigo.

Los planes que él refleja son buenos,

pero no dejan poso. Los hombres se curten en la dificultad, en la presión, en gastarse por un ideal en el que se confía más que en uno mismo, y cuando llegan los «batacazos» es cuando más se aprende. Ahora, parece como si las cosas estuvieran tan medidas, que no existiera el riesgo del «batacazo» y nos hacen un flaco servicio evitando que nos lo demos.

Hay un texto de una novela contemporánea que siempre me ha encantado y que refleja algo de esto. La novela cuenta la historia de unos universitarios que en 1998 se revelan contra la sociedad en la que viven. El pasaje que recojo es el momento en que uno de los profesores trata de defender al grupo de rebeldes:

«...*Cuando la mirada de los jóvenes se alza, los sueños de los viejos se hacen realidad. He vivido casi un siglo analizando cada minuto, con la esperanza de que un día levantará a otro, de que no permitiéramos que se carcomiera ese algo íntimo que todos llevamos dentro y que se llama hombre. Y cada noche, al terminar el día, descubría que lo habíamos sepultado aún más.*

Los sepultamos en densos libros científicos en los que un hombre no es más que un cromosoma X unido a un cromosoma Y. Lo sepultamos en largos sistemas filosóficos de contradicción continua... y lo vestimos de comodidad, de prisa, de pragmatismo, de modernidad, de todos esos vestigios que encontramos en ese reino donde el pensar resulta peligroso.

Arrancamos su sentido trascendente de lo más profundo de su entraña, y a su trabajo lo llamamos economía, y a su amistad filantropía. Pretendíamos, torpes, crear un hombre a nuestra imagen y semejanza. Llegué a pensar por un momento que existía una lápida en algún sitio donde ponía: 'Aquí yace el hombre'.

Cuando escuché los comentarios que corrían de boca en boca por toda la Facultad, me asomé a los pasillos y a las aulas y con lágrimas en los ojos grité que era cierto, ¡que aquellos eran hombres!, señores de sí mismos, capaces de aunar alma e ideal en una sola fuerza.

Colilleros del tiempo marchaban de aquí para allá testimoniando con su vida que el hombre ha vuelto, que el mundo tiene dueño. Y en sus manos parecía que las cosas descansaban, que eran más ciertas...».

El segundo fragmento que he querido recoger del libro es parte del discurso que el líder de la rebelión expone en una manifestación ante miles de estudiantes:

«...Somos unos rebeldes, sí, como se empeñan en afirmar determinados periódicos sectoriales del país, pero nuestra rebeldía no responde a una moda generacional como pudo presidir el mayo francés.

Es más, nos permitimos afirmar con rotundidad que el fracaso de nuestra civilización no es más que la esterilidad de los hijos del 68. Sabemos que una revolución sólo se sofoca con otra revolución, que un fuego apaga otro fuego, y que estamos dispuestos a reavivar las brasas de las tradiciones más nobles del ingenio humano.

Nos rebelamos, sí, pero no contra viejos moldes que no tenemos tiempo de destruir, ni motivo. Nos rebelamos contra nosotros mismos por haber sido capaces de permitir llegar a esta situación que nos está consumiendo a todos. Nos rebelamos contra quie-

109

nes quieren rebelarse, contra quienes venden el progreso por la comodidad o pretenden cambiar la elegancia por márgenes comerciales.

Nos rebelamos contra quienes prohíben prohibir, siendo ellos los primeros inquisidores de su extraña religión, contra quienes gritan 'imaginación al poder' y luego se quedan embarrancados en un botellón de cerveza en las aceras de nuestras calles, sucias de tantos carteles que sólo quieren censurar.

Nos rebelamos contra quienes han hecho suya la bandera de la protesta, del cambio, de la libertad..., adulterando esas palabras en un eterno manoseo ineficaz y seco.

Nos rebelamos contra los viejos retrógrados, que vociferantes creen haber inventado ellos la libertad, contra quienes custodian la fe de los pueblos con aires de modernidad, y retamos al mundo con nuestra presencia a que responda a los grandes interrogantes que abrimos con nuestras vidas...».

A lo mejor te preguntas qué relación puede tener esto con el noviazgo. En apariencia ninguna, pero en el fondo es posible que mucha. El noviazgo es una época que coincide con la juventud, con el momento en que se forjan y se tiñen los ideales de una persona, las tablas sobre las que luego vamos a edificar el resto de las cosas. Pero para eso hay que tener ideales, del signo que sean, pero ideales.

Y el peligro de la juventud de ahora es que no los tiene porque los ha cambiado por pragmatismo y comodidad, y sus vidas parecen como una novela tan trazada que da la impresión de que sólo queda por escribir el epílogo.

Pues bien, para que tu amor sea algo grande, para que la familia que deseas crear sea de verdad un sueño, para que tus hijos te admiren y respeten, para saber salir adelante entre las dificultades que la vida, y especialmente la vida matrimonial te pondrá, para que tu historia tenga al fin peso específico..., necesitas, ahora, tener ideales y bien grandes. Cuando se tienen, aunque sean equivocados, que ya se encargará la vida de rectificarlos, cualquier empresa se hace pequeña y los sueños terminan por hacerse realidad.

111

ANTONIO VÁZQUEZ VEGA

Comunicación

Hace unos días hice un curso para
matrimonios con hijos pequeños. Tema de
gran interés pues en él estamos aprendiendo que los niños inician su formación
incluso antes de nacer. Es más, resulta que
el período clave en la formación de un
niño, la que llaman la «edad de oro» de la
educación es la que va desde que un niño
nace hasta que cumple los tres, cuatro o
como mucho cinco años.

Sorprendente, sobre todo para los que
como yo pensamos que el momento importante de la educación es cuando ya se tiene
uso de razón. Pero a ti estas cosas ahora te
pillan un poco lejos. Ya te llegará.

Lo que quería contarte es que cuando
hacíamos el análisis en grupo de los diferentes casos, el primer problema que siempre se ponía de manifiesto era la «falta de
comunicación en el matrimonio», tanto
que cuando alguien lo comentaba, todo el
mundo terminaba riendo.

Y eso es lo sorprendente. Cuando hablas con matrimonios maduros, matrimo-

112

nios que se están esforzando por tratar de hacer las cosas bien, todos siempre coinciden en que

> **EL PRINCIPAL ENEMIGO
> DE UNA PAREJA ES LA FALTA
> DE COMUNICACIÓN**

Es posible que te resulte chocante. La mayoría de las veces, te han dando las tantas charlando con tu novia en el portal, y en esos momentos desearías que la noche fuera eterna y no puedes concebir que exista la posibilidad de que algún día no sepas de qué hablar con ella. Eso es algo formidable.

Tal vez llevas un año o dos saliendo. Lo conocéis todo del otro o al menos eso creéis. Habéis hablado de las dos familias, de los amigos, de los estudios, hasta de cómo será la casa donde viviréis... No dejes de hacerlo. El noviazgo es un momento en el que se dispone de mucho tiempo para hablar, muchísimo.

Decía un amigo, y no le faltaba razón, que estaba deseando que llegara el día de su boda para poder estar en su casa. Que estaba harto de quedar en cafeterías, o cenar en un restaurante o ver la televisión en casa de sus futuros suegros. Es cierto. Ocurre muchas veces. Quieres pasar el rato con tu pareja. Tienes muchas cosas que hacer, pero al tiempo lo único que quieres es estar con ella y al final termináis pasando la misma tarde de siempre charlando, y sueñas con el día en que estés haciendo tus cosas y ella esté cerca.

Son muchas horas de estar juntos y puede aprovecharlas. Hay que hablar. Las personas se quieren cuando se conocen.

Hablar de ti y de ella, de los proyectos profesionales con los que sueñas y de los hijos que quisieras tener.

Hablar de la educación que has recibido en casa, y de los problemas de un amigo, de política y de cine, de arte y de televisión, de sus defectos y de los tuyos, de tu antigua novia y de tus mejores compañeros.

Hablar de Dios y de lo que supone para ti, de tus ambiciones y de tus inquietudes, habla, en fin, de todo, y habla de sexo, claro que sí. Con la delicadeza que pondrías para hablar con tu hermana o con tu madre, pero habla. El sexo es algo maravilloso que os va a unir mucho cuando estéis casados y es un tema del que hay que hablar.

Recuerdo una compañera, buena amiga, que un día me contaba con tristeza que había dejado a su novio con el que llevaba casi dos años. Cuando le pregunté porqué, me dijo que no tenía su misma forma de pensar.

—Bueno, eso es normal. Todos somos diferentes.

—Sí, pero es que no estamos de acuerdo ni en lo esencial.

> AHÍ ESTÁ LA CLAVE,
> EN ESTAR DE ACUERDO EN LO ESENCIAL

Mi amiga lo había visto claro y era consciente de que no podría seguir con él. Lo triste es que lo viera dos años después. Y hasta entonces, ¿de qué habéis hablado todo este tiempo?

No importa, me entristezco y me alegro por ella. Tarde. Tal vez, pero al final había visto claro que no podía seguir y había tenido la fortaleza suficiente para dejarlo, y eso tiene mucho mérito.

Hay mucha gente que dice que lo único importante es quererse, que lo demás no importa. Claro que importa. Me recuerdan a esos artistas o intelectuales que cuando les preguntan en una entrevista si se arrepienten de algo en la vida, responden con contundencia que no, que si volvieran a nacer harían las mismas cosas. Qué suerte, si yo volviera a nacer no haría muchas de las cosas que he hecho.

Pero en el amor, las demás cosas claro que importan. El amor claro que es importante, es lo más importante, y sin duda lo único imprescindible para poder unirse a otra persona. El amor, como todas las cosas humanas necesita alimentarse todos los días, y necesita apoyos, y muletas y días de sequedad.

> AMAR ES IR JUNTOS EN
> LA MISMA DIRECCIÓN

pero para eso necesitas que los dos tengáis, de verdad, la misma dirección.

Hoy os queréis con locura. Su voz te llena, su mirada te hace soñar, y su presencia es algo mágico como esas canciones que parece que nunca pasan de moda. Bien. Claro que hoy es así, y todo, todo cuanto él piense, cuanto ella sueñe, cuanto él diga... te parece bien. Mañana, su voz se habrá vuelto ronca, su mirada profunda y su presencia discreta.

Y entonces serán otras las cosas que te enamorarán. Te llenará ver el cariño que pone en las cosas que tú quieres, y te admirará verle luchar en las cosas en las que tú crees, y descansarás viendo cómo ella enseña a tus hijos las cosas que uno y otro habéis aprendido juntos. Así ha de ser, así ha sido siempre y así será.

Hablar. Hay que hablar mucho. Decía un buen pedagogo que la educación de un niño empieza veinte años antes de que nazca. Hay que contarse las cosas, aun las que parecen más tontas, y en esas conversaciones, como en todo, tenéis que hablar con sinceridad. Qué importante es. El día que le engañes por primera vez habrás roto un hechizo que no volverá nunca más. Se terminará enterando, siempre ocurre, y ya

117

nada será igual. Es que es una idiotez. Claro, por eso, cuéntala.

Si todos los novios nos contamos tonterías. Dentro de unos meses, menos de los que piensas, te acercarás a un altar para unirte a él, a ella, para siempre, y entonces, aunque suene muy litúrgico, seréis uno mismo, y ya nada de lo que haga el otro os es ajeno.

Dos modos de contar las cosas

(Primera forma)

(Encuentro entre una pareja de novios un día cualquiera.)

—*Hola, Ana.*

—*Hola, Carlos.*

(Beso.)

—*¿Qué tal ha ido el día?*

—*Muy bien, ¿y a ti?*

—*Normal, nada especial...; por cierto qué guapas vienes hoy.*

118

—*Gracias hombre, me tienes tan poco acostumbrada.*

—*No, en serio, esa falda te queda fenomenal.*

—*¿De verdad?*

—*Sí.*

—*Pero si ayer decías que era de pastora.*

—*No, era broma...; por cierto, tengo que contarse una cosa. ¿Te acuerdas que te hablé de que a lo mejor tenía que ir a Valencia a la boda de mi primo?...*

—*Sí.*

—*Pues me han dicho mis padres que ha llamado mi tía para que vayamos todos.*

—*Pero si a esa boda me dijiste que no ibas a ir.*

—*Bueno, ya sabes. A mí no me apetece nada. Es el típico petardo de familia que no hay quien lo aguante, pero mis padres están empeñados en que vaya y ya les conoces. Además quiero aprovechar para pedirle a mi padre que me compre el coche y no quiero*

119

disgustarle por nada. De verdad, me da mucha rabia, pero voy a tener que ir.

—Pero te encontrarás con Carmen.

—Carmen no irá, seguro. Está de exámenes, se lo ha dicho mi tía a mi madre.

—Pero...

—No empieces con tus celos, Ana, que me pones malo.

—Mira Carlos, vete a la boda si quieres, pero no me parece nada bien. Ya hablaremos.

—Adiós.

—Adiós.

(Segunda forma)

—Hola, Ana.

—Hola, Carlos. ¿Te pasa algo?

—No, nada, estoy dándole vueltas a un tema que no sé cómo arreglar.

—¿Qué pasa?

—Es lo de la boda de mi primo. ¿Te acuerdas que te comenté algo?

120

—*Sí.*

—*Pues ha llegado la invitación a casa y me veo venir a mis padres empeñados en que vaya. Además estoy con ganas de sacarle a mi padre el coche y no sé qué hacer. La verdad es que me apetece un montón ir. Van un montón de primos y amigos que hace años que no veo.*

—*¿Y cuál es el problema?*

—*Estoy convencido de que irá Carmen. Su madre le ha dicho a la mía que está de exámenes, pero conociéndola no se pierde esta boda ni loca. En fin, ¿qué te parece si me pongo enfermo ese día, y me quedo aquí...? Y si nos quedamos sin coche, pues ya lo intentaremos en otra ocasión. No veo otra forma, porque mis padres se van a poner muy pesados con que vaya.*

—*Pues claro que no. Tú te vas a esa boda, y te pones de punta en blanco y cuando veas a Carmen la saludas tan normal, y cuando vuelvas me cuentas la cara que ha puesto.*

—*¿Qué dices?*

—*Que sí, que quiero que vayas.*

121

—*Oye guapa, ¿tú estas segura?*

—*Hoy más segura que nunca.*

—*Tú estás un poco loca.*

—*Sí claro, por ti.*

¡Las dificultades!

Hasta aquí hemos hablado de los momentos mejores de la vida. Sin duda, cualquier pareja de novios de verdad enamorada, lo que está deseando es casarse y lo demás importa poco. Es posible que cuando pasen los años, te acuerdes de esos días y los recuerdes con nostalgia pensando lo buenos que fueron.

La etapa que uno vive en su vida durante el noviazgo es sin duda la edad de los sueños. Vivimos de ilusiones, de proyectos, de sensaciones nuevas que lo llenan todo. Estamos de estreno. El resto de la vida, no se sabe porqué, nos la pasamos topándonos con la más cruda realidad todos los días. Cuando somos pequeños, porque hay que aprenderlo todo. Parece como si nuestra opinión no importara demasiado. Aprender estudiando, aprender en casa, aprender

educación, aprender a convivir con los demás, y para bien o para mal nuestro encuentro con la realidad es diario, metódico
y casi siempre de la mano de alguien cercano. Después, cuando nos casamos nos lle-
namos pronto de responsabilidades que
parece como si nos marcaran el ritmo. La
casa, el trabajo, la llegada de los niños, la
vida social. Queda poco tiempo para la
improvisación y casi nada para los proyectos. Va todo tan rápido.

Pero en cambio durante esta época, tenemos una cierta sensación de paréntesis,
de descanso entre dos carreras que van dis-
paratadamente rápidas. Posiblemente estudiamos o trabajamos en nuestro primer
empleo, pero en ambos casos las ocupacio-
nes son mínimas y las responsabilidades
muy limitadas. Disponemos de tiempo, y
de algo de dinero, aunque sea lo justo para
tener autonomía en nuestros planes. Los
demás ya no nos mandan, ahora sugieren y
encima tenemos esa pizca de inconsciencia
consentida que da el tener 18 o 20 años.
No es raro que coincida así el que tanta
gente comenta que la etapa más divertida
de su vida es precisamente ésta.

Sin duda, pero también hay que saber que en ocasiones pueden existir dificultades y a veces muy duras, y es en ellas donde más se prueba el cariño.

Plantearse un noviazgo serio con la confianza de poder casarse en poco tiempo supone a veces un esfuerzo duro y difícil, que puede venir marcado por la falta de medios, por la ausencia prolongada de uno de los dos o hasta por el hecho de que terceras personas se quieran interponer en nuestra relación. Son momentos difíciles en los que hay que tratar de poner medios para que esa situación no se deteriore. Te contaré un cuento.

Dos reos para un mismo tribunal

Era muy de mañana. Los largos pasillos de la Audiencia, donde trabajaba desde hacía algo más de tres años, retenían el bullicio propio de las vistas que se avecinaban ese día.

Al fondo, un ajetreo especial captó mi atención. Acababan de sacar las calificaciones de las oposiciones a Notarías. Unos y otros luchaban por ver sus nombres en las listas del papel. La verdad, es que esta esce-

na la veía todos los años y siempre me quedaba unos minutos observando aquella explosión de alegría que irradiaban las caras de quienes la habían superado.

De algún modo recordaba el día en que yo, como ellos, sentí que las lágrimas venían a mis ojos sin poderlo evitar, ante la felicidad inmensa de ver colmadas todas mis ilusiones. Sí. Qué bien les entendía, y qué placer al contemplarles rebosantes de alegría. «A un opositor sólo le puede entender otro opositor» me decía, mientras les sonreía jubiloso.

Pero aquella ocasión era diferente. Entre los aspirantes se encontraba Inés, una antigua compañera de la Facultad. Había tenido ocasión de seguir la marcha de su oposición de cerca, por lo que la observé con expectación. Luchaba entre la gente por acercarse hasta donde sus ojos, cansados de ver tanta letra pequeña, pudieran encontrar su nombre.

No hicieron falta palabras. La congestión de su semblante, sus ojos llenos de lágrimas, sus gritos de entusiasmo eran la mejor muestra de que ella también lo había conseguido.

—Sí, ¡lo había conseguido! –gritaba entre abrazos de padres y amigos que se habían *congregado allí para participar de aquellos momentos decisivos en su vida–.*

—¡Lo he conseguido! ¡Lo he conseguido! –cortada la garganta de emoción, era incapaz de repetir otra cosa que no fueran aquellas tres palabras–.

Todo eran felicitaciones, elogios, abrazos y nuevos abrazos... Apenas la dejaban moverse. Unos a otros la paseaban como se pasea el trofeo al final de un gran torneo.

Tan distraído me encontraba mirando su emoción que había olvidado por completo a Jaime. ¿Dónde estaba? Él era su novio desde hacia seis años, quien más derecho tenía a felicitarla, a compartir su alegría en aquellos momentos.

Le busqué por todas partes sin conseguir verle. Por fin le encontré junto a una de las enormes columnas que rodeaban el patio. Apoyado, miraba discreto mientras una sonrisa ancha le surcaba la cara.

En sus ojos se advertía un brillo especial, distinto al de todos los demás. Distinto incluso al de Inés. Era algo mucho más

126

sereno, más profundo..., más íntimo que el bullicio atropellado de quienes la rodeaban.

Avancé por entre la gente hasta llegar frente a él, y sin mayores protocolos le abracé para felicitarle. No dijo nada.

Permanecimos así unos segundos, silenciosos. Sus ojos eran como un libro abierto donde se podían leer muchas cosas.

Me había acercado instintivamente a felicitarle, pero ¿de qué? Era Inés quien había sacado la oposición, quien había superado más de 300 temas a lo largo de cuatro largos años, quien había sacrificado sus mejores días, su juventud..., quemados en el sillón de un cuarto frente a un flexo rojo.

Sí. Felicitarle a él, ¿de qué? A él ya le había felicitado el año pasado cuando le nombraron director financiero de su empresa..., aunque en aquella ocasión no pudimos celebrarlo, pues Inés tenía que estudiar.

Él no había ganado ninguna batalla... aunque tarde a tarde fuera a animarla, a alentarla, a ser su paño de lágrimas durante unos minutos.

Era Inés quien desde hacía más de tres

127

*años no tenía unos días de vacaciones...
aunque fuera él quien dedicara los suyos a
pasarlos junto a ella esperando los pocos
ratos del día que ella disponía de descanso.*

*Era en ella en quien el tiempo había ido
dejando cada día su impronta más característica. Esos kilos que se ponían siempre
donde más se veían, esa mirada que ya
empezaba a estar cansada de ver sólo letra
chica, esas manías, esos desplantes... aunque fuera él quien día a día aguantara con
mayor paciencia, sintiendo cómo algo que
nada tenía que ver con él, iba robando lo
que del modo más sincero le habían ofrecido
como suyo.*

*Ahora, en el momento del triunfo, perma-
necía alejado del tumulto. Le bastaba verla a
ella feliz, y es que su dicha era algo que él
quería más que a sí mismo.*

*De pronto y sin saber porqué, avancé ha-
cia el grupo que aún permanecía junto al
tablón. Con cierta autoridad, que me confe-
ría el sentirme en propia casa, me abrí paso
entre la gente, saqué la pluma y con trazo
firme escribí junto al nombre de Inés el de
Jaime.*

La gente me miraba asombrada. Durante unos segundos se hizo un silencio cortante. Muchos pensarían que se trataba de una broma pero nadie hizo nada.

¿Qué sabían ellos de lo que allí sucedía? Solemnes se jactaban de haber predicho tan maravilloso desenlace. Sólo Inés me miró compasiva y al hacerlo, noté cómo sus ojos caían invadidos de tristeza. Ella sí lo había entendido y en su alma deseaba gritar.

Luego miró a Jaime y su mirada fue como una conversación que se hubiera reanudado después de cuatro largos años. Fundidos en un abrazo causaban tal impresión que ni uno sólo de los presentes nos atrevimos a movernos.

Cortada la garganta entre los sollozos, nada se escuchaba, mientras una voz profunda, salida de los más íntimo del alma gritaba:

¡Lo hemos conseguido! ¡Lo hemos conseguido!

Hay dificultades, y ésas llegan siempre a todos. Comentaba una señora que «de aquí, sin los santos óleos puede ser que nos vayamos, pero sin el zarandeo no se va nadie». Y a juzgar por lo que unos y otros comentamos, no le falta razón.

Pocos, por no decir ninguno, son los noviazgos sin dificultades y es posible que sea bueno que existan porque

> LAS SITUACIONES DIFÍCILES DEPURAN EL CORAZÓN Y ÉSE ES UN AUTÉNTICO SEGURO DE VIDA

Hay noviazgos, muchos más de los que piensas, presididos por la distancia. Por unos u otros motivos, la pareja se ve obligada a permanecer separada y a veces muy lejos. Son días, meses o hasta años difíciles pero casi siempre terminan en buen puerto.

La distancia y el cariño hacen que idealicemos el amor y nos evitan las pequeñas tonterías de cada día, que por ser pequeñas, irritan más. Pero todo pasa, y el tiempo más rápido que ninguna otra cosa, y al final...

Tienes que cortar

Lo has pensado mil veces e incluso te lo has planteado otras tantas, pero no te sientes capaz y te da miedo pasar ese mal rato, y sin embargo, lo sabes. Hay veces en la vida en las que tenemos que cortar y de un modo tajante.

Si con la persona con la que sales llevas ya cierto tiempo, y sigues sin verlo claro, muy posiblemente lo mejor es que lo dejes. Podrás pensar que la situación puede cambiar y es posible, pero si no cambia, y suele ser lo normal, habrás perdido un tiempo precioso y se lo habrás hecho perder a él o a ella.

Las personas mejoran, pero difícilmente cambian, y el tiempo lo que trae normalmente es una «lupa de dieciséis aumentos» para ver siempre los defectos de nuestra pareja.

Nos jugamos mucho en este tema. Es mejor hacer pruebas y experimentos con tubos de ensayo. Aquí no te puedes equivocar. Será tu compañera/o para toda la vida, y será, no lo olvides, la madre o el padre de tus hijos.

¿Motivos? Cada cual tiene los suyos, pero sin duda el más importante es no verlo claro, porque cuando las cosas no se ven claras, siempre es por algo. Decía un buen amigo, que hay que huir de las personas raras, de las cosas raras y de las situaciones raras, y cuando algo no lo vemos claro es porque normalmente es raro. Una cosa más. Si ahora no lo ves, casi puedo asegurarte que luego tampoco.

Tal vez lo que has descubierto es que no le quieres. Te has esforzado, has puesto empeño de tu parte, pero sientes que no le quieres. Le tienes afecto, cariño..., pero... si no estás loco, locamente enamorada de él, no sigas.

El amor no se inventa, se tiene. Se le podrá hacer crecer o dejar morir, pero no se puede poner como quien se pone un vestido para una fiesta. Si no le quieres, hasta los tuétanos, si no le quieres más que tu vida, si el solo hecho de contemplar su mirada no te hace entusiasmar, entonces es que no le quieres de verdad, y es mejor que lo dejes.

Aunque te mueras de pena pensando que le vas a hacer sufrir, aunque sientas que todo el mundo te dice que estás loca/o y que te equivocas, si de verdad crees que

132

no estás locamente enamorada/o, déjalo, o te arrepentirás.

Tal vez le quieres, le quieres muchísimo, aunque haya cosas de su carácter, de su forma de actuar o de pensar, que te echan un poco para atrás. Es más, casi prefieres no pensar en ellas. Es mejor contemplar las cosas buenas, te dices a ti misma. Algo tenía que tener y estoy convencida de que le haré cambiar, que cuando nos casemos cambiará.

No, no te engañes. Piénsalo, piénsalo con mucha calma porque la decisión es muy difícil. Son muy pocos los que cambian. Mejoran en muchos casos, pero en otros... Si bebe, beberá después y posiblemente más porque se verá más justificado por las responsabilidades; si alterna, aunque sea muy frívolamente con otras chicas o chicos, lo hará después también: si chilla, chillará y si es honrado y bueno, lo será mucho más.

Se casan porque les da la gana

La otra tarde me encontré con una pareja de amigos que no veía desde hace algún tiempo. Lo último que sabía de ellos era que habían dejado su relación de seis años de noviazgo.

Recuerdo aún el día en que cortaron y cómo él me contaba la furia y el odio contenido que se había desencadenado con aquella ruptura. Una rabia que incluso llegó a las alusiones personales de uno y otro, hasta romper materialmente las cosas que se habían regalado por el simple hecho de que les recordaban al otro.

Al verles de nuevo juntos me sorprendí y especialmente cuando me comentaron que se iban a casar el mes de noviembre. Habían vuelto hace menos de 15 días y ya habían decidido casarse en tres meses.

«Es lógico –pensé–, ha pasado mucho tiempo.» Pero al verles tuve el presentimiento de que se hubieran puesto una venda en los ojos que no querían desvelar hasta el día de su boda, y aun después; y he sentido tristeza.

Faltaba fuerza, cariño, ilusión que se había ido marchitando en cada anticipo que de modo descuidado habían ido robando.

Me hablaban decididos del piso, de los muebles, de la piscina, de los regalos... ¡Hay

134

que casarse!, decían, como si entonaran un himno a la actividad y a la locura de tanto preparativo como acontece.

Muchas veces he escuchado de las parejas con experiencia que al matrimonio no se va a arreglar los problemas ni los defectos del otro. Se va a amarlos, pues en el matrimonio los defectos parece que se acrecentaran. Tal vez por eso llegan luego tantas sorpresas.

Lo presentía esta tarde, y lo presentían, para qué negarlo, ellos también. Sentían el vértigo de quien entra en una espiral de locura en donde lo más recomendable es no pensar, y es que nuestras decisiones más importantes son, en ocasiones, las más inconscientes.

«Sé que nos entenderemos, que no coincidimos en muchas cosas, pero que al final llegaremos a un arreglo, que aunque él tenga sus debilidades, hasta sus escarceos, cambiará. El tiempo lo cura todo, ya lo verás. Cuando nos casemos cambiará.»

No, nada cambiará. Lo sabes tú, lo sé yo y lo saben ellos.

Se casan porque les da la gana.

¿Y si es que tenemos diferentes modos de enfocar la vida? Para eso está el noviazgo. Para hablar, para comentar, para aproximarse, para idear juntos un proyecto en que no os vais a separar jamás. Y esas conversaciones te darán el pulso para saber si aquello cambiará o no.

Dejarlo cuesta, cuesta un montón, pero es mejor que sufras ahora a que sufras después, y entonces ya no tenga remedio. Si hay que cortar, se corta, aunque te duela hasta la última fibra de tu piel.

Y si cortas hazlo con un golpe seco y limpio. Si lo haces poco a poco terminaréis por desgarraros y eso cicatriza mal. No quieras que te entienda. No lo comprenderá jamás y ése es un dolor que también debes asumir. Distráete, vuélcate en las cosas que haces cada día y confía.

Y cuando no puedas más y sientas que no puedes seguir piensa que, en algún lugar y en algún momento, existirá un hombre o una mujer y unos hijos que agradecerán infinitamente el valor de la decisión que acabas de tomar.

Y es que la vida contesta a todas las cosas.

Los puños prietos. Los brazos tensos. La boca contraída y la mirada fija en un punto. Llevaba 10, 15 minutos contando su historia. Sentado sobre un sillón parecía como si fuera a saltar de un momento a otro. Había tanta fuerza contraída en su voz.

—No puedo –decía entre gestos–, no puedo. Lo he intentado todo, he puesto todo lo que humanamente se puede poner, he sabido esperar, tragar, callar... ¡y al final nada! ¡¿Porqué?! ¿Por qué tiene que ser así?

Un viejo amigo permanecía frente a él. Hombre mayor, experimentado en el paso del tiempo, escuchaba en silencio. La mirada profunda denotaba afecto, mientras en el interior una voz honda recordaba tantas cosas. Le conocía desde hace varios años y quizá por eso sabía que ahora su confidencia era sincera.

—No. No me digas que mejor así –seguía diciendo mientras la sombra de una lágrima se perfilaba en los ojos–; esta vez no me lo digas. Lo he hecho, pero por favor no me digas que es mejor así porque hoy no puedo.

Un largo silencio les invadió a los dos.

137

Un silencio serio, sereno, cuajado de una íntima unidad.

Al final, recias, sonaron las palabras:

—¡No lo olvides! ¡La vida no deja ninguna cosa sin contestar!

Pero tenemos que ir terminando y hay un tema...

Buenos, ricos, guapos y... viejos

Dicen que ahora la edad de casarse se ha retrasado unos cuarenta años, y entre sonrisas, nuestros padres comentan que cuando tenían nuestra edad ya tenían tres hijos.

Ahora que los estudios primarios y secundarios parece que se han alargado, y cuando por fin se termina la carrera, siempre parece necesario dar el toque de distinción con un «master» que asegure nuestro porvenir.

Sea como sea, nuestras amistades de siempre se ven cada día más engrosadas de chicos buenos, ricos, guapos... y, lamento decirlo... viejos.

«La verdad es que el mercado de trabajo cada día está más difícil, o al menos eso

repiten nuestros hombres de Estado desde que existe la política. Además encontrar una chica o un chico que reúna todas las condiciones es cada día más complicado. La juventud sólo se vive una vez y hay que aprovecharla. Proyectos, diversiones, viajes.

Mantener una familia hoy es una tarea dura y costosa. Además fulanita está acostumbrada a un cierto nivel de vida y yo, que la quiero con locura, tengo que darle eso y más.

De otra parte, vivir en casa de los padres es toda una inversión. La ropa siempre está planchada, la comida a punto y vivimos en un sitio céntrico. La cuenta corriente va engrosando, hay pocos gastos y debo preparar un buen futuro.

Profesionalmente es el momento de destacar y en ello debo concentrar todos mis esfuerzos.

Los pisos cuestan un dineral y más si tienen que tener piscina, que para ella es fundamental. Vídeo, discos, compactos, cadena de música, muebles a juego en la cocina, vacaciones en la playa. Es un 'pastón'. Real-

139

mente no termino de entender cómo papá y mamá han podido hacerlo.»

Ellos pudieron hacerlo porque lucharon juntos desde muy pronto. Empezaron con nada. Quizá nosotros éramos su único patrimonio y a sus 28 años nos mostraban a parientes y amigos como sus auténticos tesoros, un motivo tan poderoso que les hizo capaces de lo que ellos mismos no hubieran creído. Y su ejemplo, tan cercano, ha sido la mejor escuela que has podido tener jamás, porque siempre estuvieron muy cerca.

Cuando tengas sesenta años, tus hijos no habrán terminado su carrera.

No quisiera terminar este capítulo sin hablar de algunos hombres y mujeres que por diferentes motivos comentan que no han encontrado el amor. Sin duda muchos de ellos lo han buscado con empeño deseando dejar lo mejor de ellos mismos en alguien que puede ser el padre o madre de sus hijos.

Tal vez ven con temor cómo pasan los años, cómo sus mejores amigos van creando sus propias familias y cómo la vida sigue su curso imparable. Y son ellos los

140

que más sienten que ese momento no termine de llegar nunca.

Llegará, claro que llegará. Lo que pasa es que son tantas las cosas que tienes que hacer hasta entonces. Si la hubieras encontrado ya, posiblemente todas esas cosas se hubieran quedado sin hacer. La encontrarás y te llenará como nadie, y serás feliz y habrá llegado un tiempo para todo.

No, no es a ellos a quienes se refería el inicio de este capítulo. Es a otros hombres y mujeres bien distintos a los que tal vez se les pasó el amor. No querían una chica o un chico cualquiera. Tenía que ser arquitecto, rubia, con dinero, buenas medidas, deportista, de buena familia, con casa, y buen coche... No, hombre, no exageres. No pido tanto. Si debo escoger una mujer o un hombre y renunciar así a todos los demás, debo escoger lo mejor.

Claro que sí. Escribía un sabio y buen amigo «que escogieras una mujer buena, guapa y rica» y siempre me asombraba que en las reediciones de su libro nunca lo corrigió, pero ninguno podemos poner esos elementos como excluyentes de todo. La sabiduría popular, que es muy sabia, dice que «Dios no lo da todo a la misma persona» y aunque sin duda hay algunas mujeres que casi consiguen contradecir el dicho, lo cierto es que la mayoría de las personas somos gente pura y llanamente normal, con nuestros logros y nuestros fallos, con nuestros resplandores y con nuestras pequeñeces.

Todos debemos aspirar a lo mejor, aunque eso en ocasiones tarde en llegar, pero hay que tener cuidado de no intentar crear «una persona a nuestra imagen y semejanza».

Amar es desear que otro ser exista, no el gustillo que nos produce querer a la persona amada. Y para que ese amor nazca es necesario estar abierto al amor, ofrecerse a los demás por entero, y en esos instantes, cuando menos lo esperemos y muchas veces de quien menos lo pensamos, advertimos que nos han robado el corazón.

Y de mi suegra...

¡Ah! ¿Pero es que hay suegras? Síííí... De eso se libran muy pocos. No todo iba a salir

bien en el noviazgo y en algunos es toda una prueba de supervivencia. Hay suegras, y si te descuidas habrá suegras hasta en la sopa. Suegras, sí, y suegros, y cuñados, y cuñadas, y los tíos de los suegros y los maridos de los tíos de los suegros, y la abuelita de los tíos de los suegros, y el perro de la abuelita de los... en fin, que te llevas el lote completo. Mucho ánimo que lo vas a necesitar. Que Dios te ampare.

Ya disculparás esta forma de empezar sacada de la sabiduría popular. De sobra sabes que es broma, y que es maravilloso saber que

> CUANDO ALGUIEN SE ENAMORA,
> LO NORMAL ES QUE LEJOS DE PERDER
> UNA FAMILIA, GANE OTRA

La familia, la de cada uno, es una de esas cosas importantes para todos. Para muchos, sin duda la más importante. Las cosas están muy bien hechas, y de sobra sabemos todos que sólo en nuestra familia nos quieren y nos conocen de verdad, y sobre todo, que pase lo que pase, ocurra lo que ocurra, siempre estarán ahí, para ayudarnos.

Es por eso que lo normal al querer a alguien y advertir lo importante que es para esa persona su familia, de modo instintivo la queramos ya casi. Y ellos nos querrán también. Nos mirarán, celosos en un principio, al pensar que les robamos lo que más quieren. Y al final, verán contentos que la vida se abre camino y que casi sin quererlo, hay un nuevo miembro en la familia.

Ahora bien:

> NUNCA DEBES OLVIDAR QUE LA RELACIÓN CON TU FAMILIA POLÍTICA ES UNA CARRERA DE FONDO

No quemes etapas deprisa. Hay mucho tiempo y habrá mil ocasiones. No precipites las cosas.

Al principio todo lo de ellos, por reflejo de tu pareja, te parecerá maravilloso, y es posible que sientas grandes deseos de intimar pronto, de que la familiaridad sea la constante. Es un sentimiento bueno y te ayudará. Pero como en todo en la vida, llegará un momento en que no te parecerá tan fenomenal, y que incluso, es ley de vida, tengas distintos puntos de vista respecto a ellos, y también eso es lógico y bueno. Estás creando tu propia familia, tu propio proyecto de vida, y eso es algo muy personal.

A lo largo de estas páginas sólo hemos querido lanzar un grito, pero con todas las fuerzas. Que seas tú misma, tú mismo. Que las decisiones, las líneas fuertes de tu vida, las marques tú. Consejos todos, orientaciones todas, sugerencias todas...

> PERO AL FINAL, TU VIDA
> Y LA DE LOS TUYOS ES
> RESPONSABILIDAD TUYA
> Y DE TU ESPOSA

Las familias políticas, *siempre con buena intención,* intentan muchas veces ayudarnos e interferir para eso en nuestras vidas, aunque sea para bien. Es posible, incluso, que muchas veces sin esa ayuda resulte muy difícil salir adelante y habrás de aceptarla, pero siendo consciente de que la aceptas y que es decisión vuestra el hacerlo. Otras, en cambio, con todo el cariño y el afecto que merecen, tendrás que recha-

145

zarlas y decir que no, porque tu familia
será como tú y tu pareja queréis que sea,
aunque os equivoquéis.

Un consejo más. Nunca critiques a tu
familia política. Nunca. Pondrás en la tesi-
tura a tu pareja de tener que inclinarse por
uno de los dos amores de su vida, y esos
duelos no convienen y sobre todo no son
necesarios.

La relación con los padres

Hemos hablado de los suegros con los
que, seguro, terminas entendiéndote fenomenal. ¿Y tus padres? ¿Y tus hermanos?
¿Qué papel juegan en todo esto? Para ti
probablemente fundamental. He oído a
muchas personas decir que el punto de
vista de sus padres en su relación senti-
mental resulta vital hasta el punto de que
les resultaría difícil pensar en salir con
alguien sin el visto bueno de ellos.

No es que pretendan un certificado de
conformidad por parte de ellos. Lo más
probable es que les quieran tanto que sean
incapaces de entender la existencia de un
amor que ellos no compartan.

En este tema te ganan por experiencia, y has podido ver muchas veces que cuando piensan en tus cosas es siempre buscando lo mejor. Que no te importe contarles las cosas. Viven, casi con la misma sorpresa, la intensidad de tu relación y confían en que de verdad sea lo mejor para ti.

En ocasiones, tus padres podrán incluso decirte cosas que ahora mismo no terminas de comprender. Fíate.

Tú estás mirando el momento presente. Ellos, casi siempre, están jugando a largo plazo y procuran intuir las consecuencias de las cosas de ahora.

Te van a ayudar, lo sabes, y necesitas mucho de ese apoyo.

A los que lo hemos hecho todo mal

Voy leyendo con gusto algunas de las páginas que aquí se recogen, y he sentido especial alegría cuando por fin me he topado con el epígrafe más interesante de tu relato: ¡A los que lo hemos hecho todo mal!, porque es posible que de todos ellos sea con éste, con el que más identificado me sienta.

147

Es posible que mientras leías estas páginas hayas podido pensar lo lejos que te quedan muchas de estas cosas, como si bastantes de ellas no fueran más que un sueño, un delicado episodio con poco fundamento en la realidad. No. Todas y cada una de las cosas que aquí se recogen están tomadas de la vida. De unos, de otros... de todos.

He tomado los episodios que más me han influido y las cosas que me han sugerido. Y por eso te los he querido contar. Hay otros más duros, mucho más duros, pero esos ya los conocemos los dos. Están demasiado presentes en nuestras vidas.

Noviazgo para un tiempo nuevo. Porque el tiempo que nos ha tocado vivir es sólo nuestro, y sólo nosotros vamos a decidir cómo hay que vivirlo, aunque mil voces digan y hagan lo contrario.

Hay un tiempo para nacer y otro para vivir, un tiempo para ver y otro para sentir, un tiempo para pensar y otro para llorar... Y hay tiempo para soñar, para soñar que de verdad, y para siempre, **éste es un tiempo nuevo.**

He querido pintar un mar de rosas y pocas espinas. Ésas las trae la vida, ¡vaya si las trae!, y parece como si el mundo se hubiera empeñado en mostrárnoslas todas. Hay pocos Quijotes en nuestro tiempo y menos, muchas menos, Dulcineas. Este libro está escrito para los que quieran coger algo de ese aire y mucho de ese sueño.

Sin embargo es posible que muchas de las cosas que aquí contamos, poco tengan que ver contigo. Es posible, incluso, que tu vida esté muy alejada de muchos de estos planteamientos porque así lo has querido o tan sólo porque no has visto otras cosas, o más claramente porque viéndolas, no has querido.

Tal vez has probado casi todo y muchas de las cosas que se cuentan hayan pasado por tus manos.

Para ti, más que para nadie, quisiera hablarte de un nuevo tiempo.

Tal vez porque lo has vivido, sabes como nadie lo que cuesta cambiar; tal vez porque lo has sentido casi todo, sabes lo que cuesta volver; tal vez porque llevas mucho tiempo buscando cosas que de verdad te llenen, sabes mejor que nadie lo que cuesta retenerlas y volver a ellas.

149

Has andado muchos caminos, has visto y has vivido... y tal vez por eso muchas veces te has planteado si es por ahí por donde debemos ir.

Yo, aquí, no he querido más que mostrarte otro horizonte. No sé si te gusta o no, pero es posible que sea distinto del que has tenido hasta ahora. Y puedo decirte... que es el que he visto luchar por él en la vida de algunos jóvenes de nuestro tiempo, aunque les cuesta un montón. Podrán conseguirlo o no, pero lo que nadie les podrá quitar en el mundo es el empeño que ponen en lograrlo.

Eso es lo único que te pediría en este libro:

ESCOGE UN CAMINO, ESCOGE OTRO, PERO ESCÓGELO TÚ, SÓLO TÚ Y PORQUE TE DA LA GANA. PIÉNSALO, PIÉNSALO CUANTAS VECES ESTIMES QUE TIENES QUE HACERLO. Y LUEGO ESCÓGELO. EL QUE SEA. PERO ESCÓGELO TÚ, Y CUANDO LO HAYAS ESCOGIDO VÍVELO CON TODAS LAS FUERZAS DE TU ALMA, CIENTO VEINTE SEGUNDOS POR MINUTO

Es un tiempo nuevo. ¿No lo notas? Va muy dentro, pero está ahí. Cambia el ritmo, te sobran fuerzas para hacerlo y las cicatrices estarán ahí para que no te olvides de qué pasta somos. Cambia el ritmo, cámbialo, por favor. ¡Hay tantas cosas que ver y hay tantos esperando que lo hagas!

Sobre los dos ¡hay tantas inercias creadas ya, y tantas costumbres, y tantas formas tan comunes de hacer las cosas y tantas debilidades! Están ahí, altas y pesadas como un muro donde chocas siempre. No les des más vueltas. Sólo sirven para cerrar el paso. Para querer a alguien, para querer de verdad, lo único que hace falta es dejar de quererse tanto a uno mismo y empezar a pensar en los demás. El resto sale solo.

CAPÍTULO III
EL MATRIMONIO

¡Nos casamos!

Son casi las nueve y media. Mañana es lunes y tenemos que ir a trabajar. La tarde ha sido estupenda. La verdad es que sorprende tanto ver a Carlos y Ana casados y con un niño. Pero si hace menos de un año que estábamos todos de juerga, y ahora... Han hablado ellos mucho más. Tenían cara de cansados.

El niño lleva casi un mes con los «cólicos de recién nacido» y apenas les deja dormir. Lo peor es que les quedan dos meses más así. Pero se les ve tan encantados. En

153

cuanto mueve un músculo el niño, ya están saltando. Es increíble. ¡Se puede cambiar tanto en tan poco tiempo!

Sí, Carlos era un auténtico tanque. La casa la tienen puesta con mucho gusto, con un gusto muy personal. No había grandes cosas de valor pero se notaba que todas están muy pensadas, y sobre todo es de ellos, y ése es un concepto que se hace muy lejano.

Ir los domingos por la tarde a casa de Ana y Carlos se ha convertido en uno de vuestros planes más apetecibles. Hartos de tanta cafetería a media tarde, y de tanto paseo, éste es, sin duda, el plan que más os gusta. Se está tan bien allí. Nuestra casa, pensáis, se parecerá a ésta.

Tal vez no pongamos eso, o aquello, o aquello de más allá, pero el estilo será parecido. Hoy habéis hablado de la casa, de la hipoteca, de los gastos fijos, y de los no fijos que son los peores. A ellos tampoco les salían las cuentas, y sin embargo están ahí. En tu mente repasas tus números y llegas al convencimiento de que las tuyas no salen, seguro. Carlos puede decir lo que quiera, pero a mí no me salen ni lejanamente.

Volvéis a casa. Mientras bajáis la rampa que conduce a la calle donde está aparcado el coche vais callados, como si fuerais rumiando los buenos momentos que habéis pasado allí. Algún día, también nosotros...

Avanzáis con el coche por entre las calles de Madrid. Ha roto a llover con violencia y tienes que aminorar la marcha. Ella sigue callada. Ha comentado dos o tres cosas sin importancia. La conoces ya bien, y sabes lo que va pensando. Su cara irradia felicidad, envidia, de un sueño que ella sabe que será realidad.

Tú la miras de vez en cuando con el rabillo del ojo y sientes, como no habías sentido nunca hasta ahora, el deseo de hacerla feliz. Al final, despacio, como quien firma un papel en blanco le has dicho:

—Nos casamos, aunque no tengamos nada, nos casamos.

Ella ha vuelto la cara para mirarte y sus ojos parecen, ahora, grandes y abiertos como si hubieran visto de repente un mundo entero. Y su cara, iluminada es una fiesta...

—De verdad que sí. Yo estoy dispuesta a

todo, coseré las cortinas yo misma, cogeré las colchas viejas que tiene mamá, cocinaré con unas recetas que me ha dicho una amiga que son baratísimas...

Tú no has escuchado más. Pendiente del tráfico has dejado que el pensamiento se te escapara mientras en susurros, para adentro, ha dicho:

—*Ahora sí que hay que darlo todo.*

Enhorabuena. Parece que te vas a casar. Ha costado llegar hasta aquí, pero al final estamos y pocas veces has sentido en tu vida el sentido de algo tan simple como es «estar». Lleváis algunos meses de preparativos. Al principio eran simplemente conversaciones entre los dos sobre los aspectos que más os apetecían de ese momento; pero conforme se acerca la fecha, esto empieza a parecerse a un auténtico loquero.

Las familias están de los nervios, los amigos nos llaman más que nunca, en el trabajo hay que dejarlo todo terminado...

Cada boda es un mundo y tiene el encanto de esas cosas que se preparan sabiendo que sólo son una vez en la vida.

Cada una tiene su estilo y sus peculiariedades y no existe, en esto menos que nunca, un estilo definido de cómo se deben organizar. No te choque que durante ese tiempo tu relación con ella o con él se convierta en una gestoría de encargos y avisos.

Es lo normal, hay tanto que preparar. De hecho durante esas semanas anteriores es muy normal que apenas os quede tiempo para charlar de cosas tranquilamente y por el contrario las broncas y malentendidos estén a la orden del día. No te preocupes, no es que no os queráis, es que estáis nerviosos y ocupados. Ya se pasará.

Esa situación sería muy grave en parejas que llevan muy poco tiempo saliendo. Son parejas que pasan el poco tiempo de noviazgo hablando de la boda y no de ellos, y llegan al matrimonio casi sin conocerse y entonces... qué susto. Pero ése no es tu caso.

Un consejo: se casa ella

Por mucho que tú y yo queramos entender lo grandioso de ese momento, jamás

157

ANTONIO VÁZQUEZ VEGA

seremos capaces de vislumbrar el encanto y la importancia que ellas le dan a ese día. Es su día. Ellas serán las protagonistas, el centro principal de todas las atenciones... déjala que juegue ese papel, porque te sentirás mucho más feliz.

Un apunte más: desearás celebrar tu boda por todo lo alto. Es posible que hayas tomado ideas en mil bodas a las que has asistido. Es un día excepcional y hay que celebrarlo de un modo muy especial. Pero cada uno a su estilo y según su condición. Tus padres y los suyos harán un gran esfuerzo, especialmente económico.

No les lleves contra las cuerdas. Son muy generosos, lo han sido siempre y te lo han demostrado y ese día intentarán echar la casa por la ventana, pero no les aprietes más porque no pueden.

La noche de bodas

Algunos de los invitados se han marchado ya, pero la mayoría siguen. ¡Lo están pasando tan bien! Son cerca de las 3. Tu hermano se te ha acercado discretamente

158

para darte las llaves y decirte que tienes todas las cosas metidas en el coche.

La verdad es que no sabes muy bien qué hacer. Habéis hablado cientos de veces de que os queréis marchar temprano o tarde, y ahora, que llega el momento de la verdad, no sabes cómo actuar.

Al final te has decidido. Ella también tiene todas las cosas preparadas, pero te ha pedido un momento para despedirse de su madre. Lo hace siempre, pero hoy su madre la ha dado un abrazo muy especial.

El sitio que has escogido está cerca. Apenas unos 30 kilómetros. Has mirado cientos de sitios y ése sin duda es el que más te ha convencido. Lleváis aún puestos los trajes de boda. Os gustaría llevarlos aún mucho más, como queriendo alargar ese día. ¡Ha sido tan maravilloso!

Vuestros comentarios han sido sobre la boda, sobre lo bien que ha quedado todo y lo contenta que estaba la gente. Y ahora solos, ¿se puede esperar más dicha?

Todo te impresiona y piensas, sin dudar, que estás viviendo los mejores momentos de

159

tu vida. Cuánto ha costado que llegara este día, y hoy estoy aquí, frente a él. Lo he luchado, lo he cuidado, lo he mimado durante años, y hoy, en este día maravilloso, te sientes inmensamente feliz.

Por una centésima de segundo has pensado en tantos que han llegado a ese momento sabiéndolo todo y... has apartado el pensamiento rápido. Qué desdicha. No quieres que ni eso empañe hoy tu nube de amor.

Qué bien están hechas las cosas, y qué felicidad se siente cuando entiendes que todas las cosas tienen su momento. No sabes porqué te han venido unas viejas palabras a la cabeza: «hay un tiempo de sembrar, y otro de recoger; un tiempo de trabajar, y otro de descansar...», y hay un tiempo para amar, para amar íntimamente.

Tantas cosas pasan por tu cabeza. Sobre el volante, en tu mano brilla el anillo. Apenas te habías fijado en él. Estoy casado. Todos los sueños se hacen realidad.

Al llegar al hotel todo han sido sonrisas. Le has dado una buena propina al botones cuando has comprobado que todo estaba pre-
160

parado tal y como habías pedido. Champán, unos canapés, un ramo de rosas frescas.

Con emoción has cerrado la puerta de la habitación mientras una voz dentro de ti te repetía:

—Dios mío, qué bien haces las cosas.

... Y del viaje de novios

DEL VIAJE DE NOVIOS SÓLO HAY
UNA COSA QUE SE PUEDE DECIR.
QUE OS VAYÁIS, QUE OS VAYÁIS
POR ENCIMA DE TODO

A Boston o a Cuenca, a Santo Domingo o al Escorial... pero que os vayáis. Aunque no tengáis un duro... Aunque tengas tres juicios o dos clientes importantísimos... Iros, no podéis figuraros lo importante que es.

A mi primer hijo

En la vida de cualquiera de nosotros hay cosas que nos marcan de modo decisivo. La elección de una carrera, el primer trabajo o

161

el día de nuestra boda, son jalones con los que acotamos nuestra existencia, presumiendo que son esos precisos momentos en los que nos apoyamos para dar sentido a todas las cosas, y para alcanzar nosotros mismos mayor seguridad.

Pero posiblemente, si hay algo que da a nuestra vida una nueva dimensión en el quehacer diario, es la llegada al mundo de nuestro primer hijo.

Al salir esta noche de la clínica donde unos amigos habían recibido a su primer pequeño, comentábamos extrañados mi novia y yo, que a quien habíamos visto cansado era al padre y no a la madre.

Ella mostraba aún la huella que deja ese primer esfuerzo por ayudar a que el niño venga, y serena reposaba en la cama mientas veía cómo unos y otros nos esforzábamos en coger al niño un rato. Él, en cambio, confuso entre la alegría del momento, paseaba nervioso por la habitación sin atreverse a cogerlo. No acertaba a explicar nada más que estaba ¡muy impresionado!

Impresionado de sentir de golpe la responsabilidad de entender que somos los úni-

cos protagonistas de la felicidad de ese niño y de su madre. Impresionado de sentir el vértigo de que una criatura, un ser tan maravillosamente inocente, dependa de un modo absoluto de nosotros, de nuestras virtudes y nuestras miserias, de nuestros juegos y de nuestras grandezas.

Impresionado de descubrir, de una vez y para siempre, que el verdadero peso de nuestra vida lo dan los demás.

DOS APUNTES MÁS

Supieron acordarse de sus padres

Llega un día, en algunas familias demasiado pronto, en que uno a uno, los hijos nos iremos marchando de casa, para fundar un nuevo hogar.

Armarios, cuartos, muebles... irán dejando espacios vacíos, y entremedias, el rumor de nuestras correrías infantiles. Y la casa, la alegre casa presidida desde siempre por el bullicio de los que entran y salen, por los que cantan y ríen, se volverá serena, callada, cuajada de frutos maduros que han ido abandonando la rama.

Es posible que no exista un momento en la vida tan hermoso y tan lleno de contenido, como ése en que de un modo claro se plasman las leyes de la vida, ni tan grandioso como observar cuánto crecen los hijos en ese preciso momento.

Casi siempre pensamos que son los hijos quienes necesitan una mano, consejo, tiempo y hasta dinero... y no falta razón, pero no dejaría de ser una injusticia olvidar que el corazón de unos padres ha crecido demasiado para poder pararse de golpe.

Ellos callarán. Conocen las leyes de la vida. Sentirán el corazón escaparse muchas veces, aunque finjan descansar sin nosotros, y dormirán esperando cualquier día, ése que les queramos dedicar.

Qué bien se entienden las cosas desde esa cabecera de la vida, y cómo se valoran.

Dicen que Dios cuidará de un modo especial de aquellos hijos que supieron acordarse de sus padres.

A quienes se enamoraron de otro amor

Ayer asistí a la primera Misa de un antiguo compañero de colegio. La Iglesia estaba a rebosar. Padres, amigos, conocidos, esperábamos el comienzo de una ceremonia tan poco corriente en nuestros días.

Comenzó el ritual que nos distraía a cada instante como si fuera la primera vez que asistíamos, en espera de la llegada de la homilía. Nos apetecía tanto escucharle. Hasta ayer uno como nosotros y hoy... revestido con aquellas ropas inspiraba reverencia, cariño y sobre todo admiración.

No conozco la vida de otros sacerdotes. La de éste sí. Conozco a su familia, sus amigos, sus aficiones y sé que cualquiera de los que le conocemos podríamos decir de él que era el típico hombre que humanamente lo tenía «todo»: estilo, elegancia, gracia, buena presencia, cabeza, éxito, dinero...

Ahora, revestido así...

Terminó al fin el Evangelio, y expectantes queríamos escucharle sus primeras palabras:

—«Cristo, Cristo» –repitió por dos veces.

No escuché más ni pude evitar que se me escaparan las lágrimas de las que no me avergüenzo para nada y que quisiera conservar siempre.

Cristo. Había empezado con la única palabra con la que podría empezar, con la única que resumía y daba sentido a toda su existencia. Le imaginé, de noche, preparando las cuartillas que habrían de servirle de apoyo en su charla, y sentí que aquello le había salido del modo más natural.

*Qué envidia verle con aquella fuerza, con aquella seguridad en esos precisos momentos. **Me prometí a mí mismo, desde entonces, enamorarme todos los días con una sola palabra.***

ORIENTACIONES PEDAGÓGICAS

1° Pocos acontecimientos hay en la vida de una persona tan decisivos como el hecho de enamorarse. De él se han alimentado los poetas, los artistas, los soñadores y los románticos, los fríos y los calculadores, los viejos y los jóvenes... y aún seguimos alimentándonos.

> Y ES QUE AMAR ES... LO ES TODO

2° Son muchas, te lo aseguro, las cosas que nuestro tiempo se ha empeñado en cargarnos al comienzo de este derrotero. Por poco que hayamos vivido uno u otro, lo tenemos bien experimentado y

> EN EL AMOR, LOS PASOS PARA ATRÁS,
> CUESTAN EL DOBLE DE LOS
> CORRIENTES

3º

> UN HOMBRE ES UN HOMBRE
> Y
> UNA MUJER ES UNA MUJER

y mientras unos y otros no nos enteremos de verdad que somos distintos, sin duda surgirán muchos problemas en la relación.

4º Inexplicablemente nos sentimos atraídos por un ser en el que lo primero que reclamamos es que sea «muy hombre» o «muy mujer» aunque no sepamos muy bien qué quiere decir exactamente

> QUE EL HOMBRE SEA MUY HOMBRE
> Y
> QUE LA MUJER SEA MUY MUJER

5º Apoyaremos una idea u otra, tomaremos partido en una causa o en aquella otra tan distinta, saldremos con una gente o con otra... pero lo que irremediablemente tendremos que hacer y pronto es:

TOMAR UNA POSICIÓN
Y
UN CRITERIO PROPIO EN LA VIDA

6º

NO SE TRATA DE INFORMACIÓN,
SINO DE FORMACIÓN

Información tendremos, quizá, más que nunca. Pero la formación hay que buscarla, tener el deseo de saber, de verdad, qué es aquello que más nos conviene y que resulta adecuado en cada momento.

7º Resultará lógico que entendamos la importancia de encontrar alguien que sintonice en nuestra misma onda aunque lo haga con mil formas y enfoque distintos,

> **PERO QUE EN LO ESENCIAL
> ES MUY IMPORTANTE
> ESTAR DE ACUERDO**

pues sobre ese acuerdo vamos a sentar las bases de muchas cosas, y especialmente de nuestra felicidad.

8º Ahora hay alguien que te importa más que todo eso. Alguien, piensas, que de verdad está dando contenido a tu vida y sientes, lejano y profundo, el presentimiento de que:

> **ESE AMOR VA A AYUDAR A TU VIDA
> Y VA A SACAR DE TI LO MEJOR
> QUE LLEVAS DENTRO**

9º Cuando hablas con matrimonios maduros, matrimonios que se están esforzando por tratar de hacer las cosas bien, todos siempre coinciden en que

> **EL PRINCIPAL ENEMIGO
> DE UNA PAREJA ES LA FALTA
> DE COMUNICACIÓN**

10º Pocos, por no decir ninguno, son los noviazgos sin dificultades y es posible que sea bueno que existan porque

> LAS SITUACIONES DIFÍCILES
> ACRISOLAN EL CORAZÓN Y ÉSE
> ES UN AUTÉNTICO SEGURO DE VIDA

11º Nunca debes olvidar que:

> LA RELACIÓN CON TU FAMILIA POLÍTICA
> ES UNA CARRERA DE FONDO

No quemes etapas deprisa. Hay mucho tiempo y habrá mil ocasiones. No precipites la cosas.

12º Consejos todos, orientaciones todas, sugerencias todas...

> PERO AL FINAL, TU VIDA Y LA DE
> LOS TUYOS ES RESPONSABILIDAD
> TUYA Y DE TU ESPOSA

13º Tal vez lo has probado casi todo y muchas de las cosas que se cuentan hayan pasado ya por tus manos.

> PARA TI, MÁS QUE PARA
> NADIE, QUISIERA HABLARTE
> DE UN NUEVO TIEMPO

14º Eso es lo único que te pediría en este libro:

> ESCOGE UN CAMINO, ESCOGE OTRO,
> PERO ESCÓGELO TÚ, SÓLO TÚ Y PORQUE
> TE DA LA GANA. PIÉNSALO, PIÉNSALO
> CUANTAS VECES ESTIMES QUE DEBES
> HACERLO. Y LUEGO ESCÓGELO.
> EL QUE SEA. PERO ESCÓGELO SÓLO TÚ,
> Y CUANDO LO HAYAS ESCOGIDO VÍVELO
> CON TODAS LAS FUERZAS DE TU ALMA, A
> CIENTO VEINTE SEGUNDOS POR MINUTO.

ANEXO

GUÍA DE TRABAJO INDIVIDUAL
Número 68
NOVIAZGO PARA UN TIEMPO NUEVO

Este libro lo trabajará cada persona «por libre», no siendo necesarias las reuniones de grupo.

OBJETIVOS:

— *Conocer mejor las etapas de un noviazgo.*

— *Prepararse para poder ayudar a los jóvenes en el noviazgo.*

1º - Una lectura rápida y otra lenta marcando lo importante.

2º - Hacer una lista de preguntas o aclaraciones para comentarlas en la asesoría.

3º - Hacer una lista de los 5 temas más confusos que tienen los jóvenes de tu ambiente y mantener una conversación con ellos sobre esos temas.

4º - ¿Cuál es la razón de haber elegido cada uno

175

de esos temas? Exponer una explicación sobre la razón de su elección.

5º - Hacer una relación de gente joven que pueda tener interés en los temas del noviazgo.

6º - A uno de ellos darle el libro a leer, o charlar con él sobre uno de los temas elegidos en el punto 3º. Marcarse un objetivo concreto.

7º - Hacer un resumen de la historia y conclusiones obtenidas en el punto anterior.

BIBLIOGRAFÍA COMENTADA

COROMINAS, Fernando, *Educar hoy* (11ª ed.). Colección «Hacer Familia», n. 1., Ediciones Palabra, Madrid 1995, 212 págs.

Es una aportación valiosa a la educación familiar innovadora. Novedad: Introducir dos temas: «Los instintos guía» y «Los períodos sensitivos», en la reconsideración del aprendizaje infantil y adolescente, sin limitarse a esas edades.

Trata con alguna extensión las motivaciones humanas aplicadas al mejor conocimiento de los hijos.

Dedica un capítulo a la Teoría Z y la

Educación. Es un libro especialmente interesante para los padres que quieren llegar antes en la tarea de fomentar en los hijos hábitos y virtudes que les ayuden a ser personas responsables y libres.

Utiliza un lenguaje muy directo, fácil de leer, dirigido a los padres.

FERNÁNDEZ OTERO, Oliveros y COROMINAS, Fernando, *Hacer Familia hoy* (7º ed.). Colección «Hacer Familia», n. 2, Ediciones Palabra, Madrid 1995, 232 págs.

Trata este libro de un tema nuevo y a la vez práctico para ayudar a los padres a hacer más fácil la difícil tarea de educar.

Se ofrece una aplicación de la Teoría Z, japonesa, a la organización educativa familiar.

«Hacer Familia hoy» pone al alcance de los padres valores que les ayuden a mejorar la vida familiar: la confianza, la intimidad, la colaboración, la comunicación, la unión familiar... servirán para mejorar como personas en un ambiente de libertad y responsabilidad.

Los autores quieren ayudarles a llegar a la integración familiar como base de una familia más feliz, a la que sus miembros se sienten orgullosos de pertenecer.

FERRER, Eusebio, *Exigir para educar* (8ª ed.). Colección «Hacer Familia», n. 4, Ediciones Palabra, Madrid 1995, 240 págs.

Es el libro de un padre de familia que conversa con otros padres. La experiencia priva sobre la teoría. Escrito con aire de reflexión, de revisión de puntos conocidos, le quita todo aspecto formal y frío. El lector pronto se siente involucrado en el texto de las páginas y va descubriendo algo que tiene de siempre muy claro, pero que trata de evitar por todos los medios: la exigencia. Para educar se precisa la participación de los dos sujetos, el educador y el educando y esta participación no se consigue sin esfuerzo.

Sin dar reglas fijas o pretender que se puedan conseguir altos objetivos con simples recetas, desde el primer momento se subraya la complejidad de la

179

tarea educativa: el material con el que se
trabaja, los seres humanos, son siempre
originales e irrepetibles. No se trata,
pues, de faltar a la verdad diciendo que
con la lectura de este libro, es fácil educar. Lo único que pretende su autor es
decir una vez más que educar es posible,
aunque a veces los hijos parezcan empeñados en demostrarnos lo contrario.

THIBON, Gustave, *Sobre el amor humano.*
Colección «Patmos», Rialp, Madrid, 202
págs.

Un estudio filosófico del amor que
partiendo de la unidad de la persona y
la interpenetración entre vida y espíritu,
aplica sus principios al amor entre los
sexos. Aunque el autor se refiera fundamentalmente al matrimonio, sus ideas
sirven para novios, pues dedica amplios
comentarios a la génesis y a la consoli-
dación del amor.

VÁZQUEZ, Antonio, *Matrimonio para un
tiempo nuevo* (11ª ed.). Colección «Hacer Familia», n. 38, Ediciones Palabra,
Madrid 1995, 236 págs.

A lo largo de su páginas es seguro

que el lector encontrará su situación y las ideas que necesita para diseñar su propio proyecto matrimonial. Junto a los *qués* y *porqués* se explican los modos de ponerlos en práctica.

Este libro ayuda a descubrir que las enormes posibilidades que encierran las relaciones conyugales es la principal tarea de los esposos. Las dificultades están para ser superadas, con la seguridad de convertir el matrimonio en una aventura cada día distinta y siempre con un valor añadido de felicidad.

El autor muestra su amplio conocimiento del tema, en un lenguaje ameno y directo, consiguiendo los objetivos que se propone.

Wojtyla, Karol, *Amor y Responsabilidad.* Razón y Fe.

El autor no se dirige únicamente a los creyentes, por lo menos no apela inmediatamente a la fe. No toma pie de las enseñanzas bíblicas, sino que arranca de las vías de la argumentación racional. Ha asimilado lo mejor de la reflexión moderna –especialmente de la fenomenología– y sabe sacar partido de la más noble de las filosofías tradicionales.

La doctrina expuesta en «Amor y Responsabilidad», convencerá –no cabe duda– a los espíritus serios deseosos de fundamentar las relaciones de los cónyuges en una antropología completa, coherente y trabajada con hondura.

Tampoco cabe duda que será acogida gozosamente por muchos hogares, dichosos de encontrar en ella las justificaciones racionales y las aclaraciones de aquello que su buena salud moral y el soplo del Espíritu les había hecho ya comprender en lo hondo de su corazón. Dará aliento a todos; servirá para poner paz y luz en muchos problemas concretos.

ÍNDICE

HACER familia

BOLETÍN DE SUSCRIPCIÓN

NOMBRE ....

APELLIDOS ....

NÚMERO DE HIJOS .... EDAD DEL HIJO MAYOR ....

DOMICILIO ....

LOCALIDAD .... CÓDIGO POSTAL ....

PROVINCIA/PAÍS .... TELÉFONO ....

DOMICILIACIÓN BANCARIA

APELLIDOS Y NOMBRE DEL TITULAR ....

....

NOMBRE DEL BANCO ....

SUCURSAL NÚM. ....

C. CTE. O CARTILLA Nº ....

DOMICILIO DEL BANCO ....

POBLACIÓN .... C.P. ....

PROVINCIA ....

FIRMA ....

	12 Números	24 Números
España y Portugal	4.650	8.900
Extranjero (Superficie)	5.750	11.100
Europa (Aéreo)	7.700	15.000
Resto del Mundo (Aéreo)	9.300	18.200

PRECIOS VÁLIDOS PARA 1998

FORMA DE PAGO

☐ DOMICILIACIÓN BANCARIA

☐ GIRO POSTAL Nº ....

☐ CHEQUE ADJUNTO Nº ....

DESEO RECIBIR GRATUITAMENTE
EL LIBRO DE LA COLECCIÓN HACER FAMILIA Nº......
DE LA SIGUIENTE LISTA

Recortar y enviar a EDICIONES PALABRA, S.A. - Castellana 210, 2º - 28046 Madrid - Tel. 91 350 83 11

HACER FAMILIA

Esta colección, con cerca de 80 títulos publicados, ayuda a los padres en la difícil tarea de educar y contribuye a mejorar la vida familiar.

23. *TUS HIJOS DE 4 A 5 AÑOS* (4ª ed.) Manoli Manso y Blanca Jordán de Urríes

24. *TU HIJA DE 6 A 7 AÑOS* (2ª ed.) María Teresa Galiana y Amparo González

25. *TU HIJO DE 6 A 7 AÑOS* Blanca Jordán de Urríes

26. *TU HIJA DE 8 A 9 AÑOS* (3ª ed.) Isabel Torres

27. *TU HIJO DE 8 A 9 AÑOS* José Antonio Alcázar y Mª Ángeles Losantos

28. *TU HIJA DE 10 A 11 AÑOS* (4ª ed.) Trinidad Carrascosa

29. *TU HIJO DE 10 A 12 AÑOS* (4ª ed.) Alfonso Aguiló

30. *TU HIJA DE 12 AÑOS* (5ª ed.) Candi del Cueto y Piedad García

31. *TU HIJA DE 13 A 14 AÑOS* (3ª ed.) Piedad García y Candi del Cueto

32. *TU HIJO DE 13 A 14 AÑOS* (4ª ed.) Vidal Sánchez Vargas y Miguel Ángel Esparza

33. *TU HIJA DE 15 A 16 AÑOS* (3ª ed.) Pilar Martín Lobo

35. *TUS HIJOS ADOLESCENTES* (5ª ed.) Gerardo Castillo

36. *NOVIAZGO PARA UN TIEMPO NUEVO* (2ª ed.) Antonio Vázquez Vega

37. *LOS NOVIOS. LOS MISTERIOS DE LA AFECTIVIDAD* (4ª ed.) Ramón Montalat

38. *MATRIMONIO PARA UN TIEMPO NUEVO* (11ª ed.) Antonio Vázquez

39. *LOS ABUELOS JÓVENES* (3ª ed.) Oliveros F. Otero y José Altarejos

40. *ESCENAS DE MATRIMONIO* Antonio Vázquez

Serie C: EDUCACIÓN TEMPRANA

41. *EL DESARROLLO TOTAL DEL NIÑO* (4ª ed.) Juan Valls Juliá

42. *EDUCACIÓN TEMPRANA DE 0 A 3 AÑOS* Ana Sánchez

43. *EDUCACIÓN TEMPRANA DE 3 A 7 AÑOS* (4ª ed.) Merche Bravo y Luis Pons

44. *EXPERIENCIAS DE UNA MADRE* (4ª ed.) Ana Sánchez

45. *CÓMO ENSEÑAR LA VIDA AL NIÑO A TRAVÉS DE LOS CUENTOS* Blanca Jordán de Urríes

46. *DESARROLLAR LA INTELIGENCIA A TRAVÉS DEL AJEDREZ* José María Olías

Serie D: EDUCAR EN VALORES

48. *LOS BUENOS MODALES DE TUS HIJOS MAYORES* José Fernando Calderero

49. *LOS BUENOS MODALES DE TUS HIJOS PEQUEÑOS* (3ª ed.) José Fernando Calderero

50. *CÓMO EDUCAR LA VOLUNTAD* (6ª ed.) Fernando Corominas

Para más información dirigirse a:
EDICIONES PALABRA, S. A. - Castellana, 210 - 28046 Madrid
Telfs.: 91 350 77 20 - 91 350 77 39 - Fax: 91 359 02 30
http://www.edicionespalabra.es

Esta segunda edición de
NOVIAZGO PARA
UN TIEMPO NUEVO
se acabó de imprimir
el día 4 de octubre de 1998,
en ANZOS, S. L.
Fuenlabrada (Madrid)